Kerstin Wenderholm

Besser lernen dank Neuro-Wissen?

Die Bedeutung neurowissenschaftlicher Erkenntnisse für die pädagogische Praxis

Bibliografische Information der Deutschen Nationalbibliothek:

Die Deutsche Nationalbibliothek verzeichnet diese Publikation in der Deutschen Nationalbibliografie; detaillierte bibliografische Daten sind im Internet über http://dnb.d-nb.de abrufbar.

Impressum:

Copyright © ScienceFactory 2018

Ein Imprint der Open Publishing GmbH

Druck und Bindung: Books on Demand GmbH, Norderstedt, Germany

Coverbild: Open Publishing | Freepik.com | Flaticon.com | ei8htz

Inhaltsverzeichnis

Abstract / Zusammenfassung

Neurowissenschaftliche Befunde geben Hinweise darauf, welche Mechanismen der Informationsverarbeitung für Lernen und Gedächtnis von Bedeutung sind, welche chemischen und physikalischen Prozesse dabei im Gehirn ablaufen und wie dieses durch individuelle Erfahrungen und Lernen strukturiert und verändert wird. Die Frage, welche wesentlichen hirninternen Prozesse für einen nachhaltigen Lernerfolg verantwortlich sind und inwieweit diese gezielt beeinflusst werden können, kann bislang jedoch lediglich in Ansätzen beantwortet werden.

Unabhängig davon, wie umfassend bzw. unzureichend Lernvorgänge im Gehirn mithilfe bildgebender Verfahren beschrieben werden können, gestaltet sich der Transfer neurobiologischer Befunde auf die Ebene pädagogischer Handlungsempfehlungen für Methodik und Didaktik im Schulunterricht schwierig. Neben der grundsätzlichen Frage der Übertragbarkeit einer Experimentalsituation auf die komplexe Unterrichtssituation haben die Befunde der Hirnforschung bisher wenig neue Erkenntnisse darüber erbracht, wie das Lernen im schulischen Unterricht gefördert bzw. optimiert werden kann.

Wird jedoch über die konkrete Unterrichtssituation hinausgeblickt, lassen sich durchaus Möglichkeiten einer erfolgsversprechenden interdisziplinären Zusammenarbeit zwischen Neurowissenschaften und Pädagogik/Psychologie finden: Insbesondere lässt die Hirnforschung ihren pädagogischen Nutzen bislang in Hinblick auf Lernstörungen erkennen, bei denen sich neuronale Abweichungen zeigen. So gibt es Hinweise darauf, dass Methoden der Hirnforschung früher als die Verhaltensbeobachtung eine Frühdiagnose von Lernstörungen ermöglichen können. Die Validierung dieses Ansatzes und dessen Weiterentwicklung auf verschiedenartige Störungen der Lernfähigkeit könnte eine frühzeitige Intervention und damit eine Abschwächung, möglicherweise sogar eine Beseitigung der Störung ermöglichen, bevor sie für das Kind in der Schule relevant und damit zur Belastung wird.

Abbildungsverzeichnis

1 Einführung

Durch den Einsatz bildgebender Verfahren hat die Neurobiologie in den letzten zwei Jahrzehnten eine beträchtliche Anzahl neuer Erkenntnisse über Lern- und Gedächtnisprozesse im menschlichen Gehirn gewonnen. Die Ergebnisse drängend zunehmend in die allgemeine Öffentlichkeit sowie in pädagogische Fachkreise: Hirnforscher halten Vorträge über „hirngerechtes" und somit vermeintlich erfolgreicheres Lernen, während wissenschaftliche und populärwissenschaftliche Veröffentlichungen zu dieser Thematik anhaltend den Markt erobern. Verlockend erscheint die Möglichkeit, den Schülern direkt ins Gehirn zu schauen und ausgehend vom Wissen über dessen Beschaffenheit den Unterricht gestalten und somit vermeintlich verbessern zu können. In der Diskussion über die pädagogische Verwertbarkeit neurobiologischer Erkenntnisse wird häufig der Eindruck erweckt, als könnten die durch die PISA-Studien belegten Missstände im deutschen Bildungswesen – auch wenn sich seit der PISA-Misere im Jahr 2001 grundsätzlich ein leichter Aufwärtstrend erkennen lässt - durch die Befunde der Hirnforschung nun endlich behoben werden.

Die vorliegende Arbeit untersucht, inwieweit die aktuellen neurobiologischen Erkenntnisse tatsächlich einen praktischen Nutzen für die Gestaltung optimaler schulischer Lehr- und Lernbedingungen darstellen. Neben ihrem möglichen Wert in Hinblick auf die konkrete Unterrichtsgestaltung wird die Rolle der Hirnforschung zudem bezüglich der Diagnostik und Therapie von Teilleistungsstörungen diskutiert.

Bei der Literaturrecherche zu neurowissenschaftlichen Erkenntnissen über Lernen wurde nach aktuellen - das heißt vorzugsweise nach 2003 erschienenen - Fachartikeln in wissenschaftlichen Literaturdatenbanken (bibliographische Datenbanken, Bibliothekskataloge) gesucht. Ältere Literaturquellen wurden dann berücksichtigt, wenn diese den derzeitigen Stand der Forschung repräsentieren. Für die Recherche zur Rezeption neurowissenschaftlicher Erkenntnisse in der Pädagogik wurden insbesondere pädagogische und medizinische Fachzeitschriften herangezogen. Von diesen Ergebnissen ausgehend wurde ferner nach weiteren Publikationen der entsprechenden Autoren gesucht.

Nach der bereits erfolgten allgemeinen Einführung in das Thema betrachtet das zweite Kapitel den Lernbegriff aus neurobiologischer Perspektive. Hierzu werden zunächst die Entwicklung des menschlichen Gehirns sowie die Funktionsweise neuronaler Prozesse beschrieben. Anschließend erfolgt eine Darstellung der unterschiedlichen Gedächtnisarten sowie ausgewählter Hirnstrukturen, die bei Lern- und Gedächtnisprozessen insbesondere involviert sind.

Im dritten Kapitel wird dargelegt, wie Lernen aus pädagogisch-psychologischer Sicht erklärt werden kann. In diesem Zusammenhang werden die drei bekanntesten Lerntheorien skizziert.

Das vierte Kapitel erläutert aktuelle neurobiologische Erkenntnisse über Vorwissen, Emotionen und Motivation als zentrale Einflussfaktoren auf Lernvorgänge.

Von diesen Befunden ausgehend erfolgt im fünften Kapitel zunächst eine Auswahl neurowissenschaftlicher Empfehlungen für die Gestaltung optimaler schulischer Lernprozesse. Im Anschluss daran werden die wesentlichen Kritikpunkte an jenen Vorschlägen erläutert und ein Zwischenfazit gezogen. Das Kapitel schließt mit einer Darstellung weiterer Rezeptionsmöglichkeiten neurowissenschaftlicher Erkenntnisse in der Pädagogik ab, indem der Fokus auf den Bereich der Teilleistungsstörungen gerichtet wird. Im sechsten und letzten Kapitel werden die Ergebnisse in Hinblick auf Chancen und Grenzen einer Verwertbarkeit neurobiologischer Erkenntnisse für die pädagogische Praxis zusammengefasst und ein Ausblick auf eine mögliche künftige Zusammenarbeit beider Disziplinen gegeben.

2 Lernen aus neurobiologischer Sicht

Bevor der Lernbegriff aus neurobiologischer Perspektive beleuchtet wird, sollen zunächst einige dieser Arbeit zugrundeliegenden Begrifflichkeiten geklärt sowie die Methoden der Hirnforschung skizziert werden.

2.1 Hirnforschung und ihre Methoden

Neurowissenschaften befassen sich mit der „wissenschaftliche[n] Erforschung des Gehirns und der Verbindung zwischen Gehirnaktivität und Verhalten" (Gerrig & Zimbardo, 2004, S. 77). Im Fokus der vorliegenden Arbeit steht eine Grunddisziplin der Neurowissenschaft, die ein besseres Verständnis der Funktionsweise des menschlichen Gehirns zum Ziel hat: Die *Neurobiologie* bzw. *Hirnforschung* (engl.: *brain research*) untersucht den Bau, die Funktion und Entwicklung von Nervenzellen sowie deren Beziehung zur Umwelt (Roth, 1997).[1] Hierbei setzt die Untersuchung des Gehirns auf insgesamt drei Ebenen an:

Auf der oberen Ebene können Funktionen größerer Hirnareale (z. B. spezifische Aufgaben verschiedener Gebiete der Großhirnrinde oder der Amygdala) beschrieben und ihre Aktivität mithilfe bildgebender Verfahren sichtbar gemacht werden. Ein Einblick in diese Organisationsebene des Gehirns wird durch verschiedene Methoden ermöglicht: Bildgebende Verfahren wie die funktionelle Magnetresonanztomografie (fMRT) oder die Positronenemissionstomografie (PET), die den Energiebedarf von Hirnregionen messen, besitzen eine bis in den Millimeterbereich gehende räumliche Auflösung, bilden die Aktivitäten jedoch erst Sekunden nach ihrem tatsächlichen Auftreten ab. Dagegen misst die Elektroenzephalografie (EEG) die elektrische Aktivität von Nervenzellverbänden zeitgleich, kann jedoch nicht exakt Aufschluss über den Ort des Vorgangs geben. Die räumliche Auflösung bei der neueren Magnetenzephalografie (MEG) liegt im Zentimeterbereich und ist somit etwas besser; hiermit lassen sich die Änderungen von Magnetfeldern um elektrisch aktive Neuronenverbände millisekundengenau sichtbar machen.

Auf mittlerer Ebene werden Neuronennetzwerke sowie die Verbindungen zwischen verschiedenen Nervenzellen erforscht, während auf unterer Ebene moleku-

---

[1] Im allgemeinen Sprachgebrauch sowie im weiteren Verlauf der vorliegenden Arbeit werden die Begriffe „Neurowissenschaften" und „Neurobiologie" synonym verwendet.

lare Einflüsse zwischen und innerhalb der Zellen untersucht werden (Borner, 2009).[2]

2.2 Gehirnentwicklung und sensible Phasen

Neurobiologisch betrachtet bedeutet Lernen den Aufbau von Neuronenpopulationen im Kortex. Das menschliche Gehirn enthält rund 100 Milliarden Nervenzellen (Neuronen), die über 100 Billionen Synapsen (Kontaktstellen) miteinander kommunizieren. Bei einem Neugeborenen sind diese Neuronen noch nicht voll ausgebildet und wenig miteinander vernetzt. Durch die Vielzahl an unterschiedlichen Wahrnehmungen und Erfahrungen („Lernen") vergrößert sich die Menge der Synapsen jedoch rasant: Mit zwei Lebensjahren entspricht die Synapsenanzahl derjenigen eines Erwachsenen, während ein dreijähriges Kind mit rund 200 Billionen Synapsen bereits doppelt so viele aufweist. Die Synapsenmenge bleibt bis zum Ende des ersten Lebensjahrzehnts ungefähr gleich; anschließend wird etwa die Hälfte der Synapsen wieder abgebaut, sodass das erwachsene Gehirn durchschnittlich 100 Billionen Synapsen aufweist (Textor, 2006).

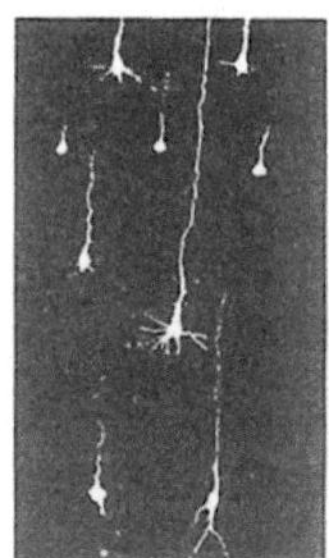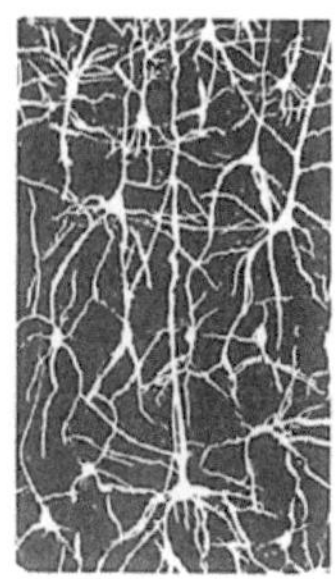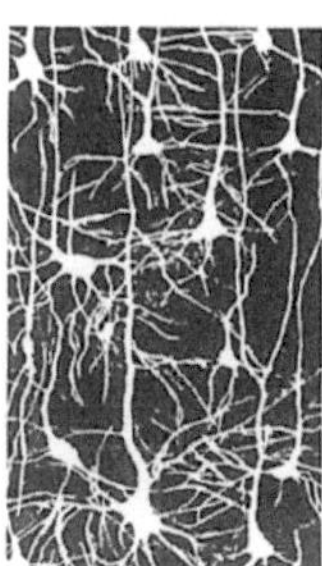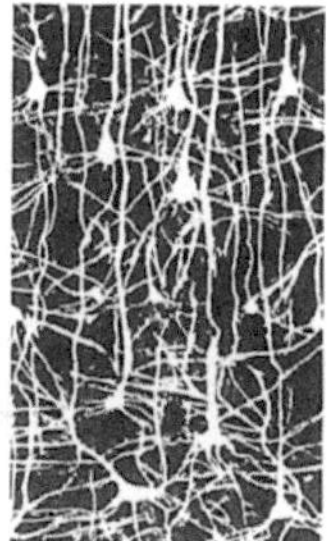

Abbildung 1: Schnitt durch die Großhirnrinde: Vernetzungen beim Menschen nach der Geburt, nach 3 Monaten, nach 15 Monaten und nach 3 Jahren (Vester, 2001)

Mit der rasanten Zunahme an Synapsen ist auch eine rasche Gewichtszunahme der Gehirnmasse verbunden: Das Gehirn verdreifacht sein Gewicht im ersten Lebensjahr von ca. 250 auf 750 Gramm und hat in der Pubertät sein Endgewicht zwischen durchschnittlich 1,3 und 1,4 kg erreicht (Grein, 2013).

---

[2] Während die Hirnforschung auf der oberen und unteren Ebene zum Teil bereits beachtliche Fortschritte erzielen konnte, sind diese auf der mittleren Ebene bislang weniger zu verzeichnen (ebd).

Sowohl die Synapsen-Überproduktion als auch die Synapsen–Selektion ereignen sich mit unterschiedlicher Geschwindigkeit und Intensität in jeweils spezifischen Regionen des Gehirns. So wird beispielsweise in den für die visuelle Wahrnehmung zuständigen Hinterhauptslappen die höchste Synapsendichte bereits in den ersten Lebensmonaten erreicht, während ihr Ausbau in den Stirnlappen, die u.a. für das Planen von Handlungen zuständig sind, zwischen dem dritten und sechsten Lebensjahr am größten ist (Textor, 2006).

Die massenhafte Ausbildung letztlich nicht benötigter Synapsen ist ein Hinweis auf die große Plastizität des Gehirns und die überragende Lern- und Anpassungsfähigkeit des Säuglings und Kleinkinds: Sie ermöglicht das schnelle Erlernen unterschiedlichster Sprachen, Verhaltensweisen etc. Sämtliche Erfahrungen, die das Kind macht, bewirken eine Aktivierung bzw. Verfestigung und damit die Chance auf den Erhalt bestimmter Synapsen, während Synapsen, „die selten aktiviert werden – ob wegen nie gehörter Sprachen, nie gespielter Musik, nie ausgeübter Sportarten, nie gesehener Berge oder nie empfundener Liebe -, verkümmern" (Eliot, 2001, S. 49).[3] Neben individueller Gene bestimmt somit zu einem großen Teil die Umwelt des Einzelnen Struktur und Funktion des Gehirns.

Solange ein Synapsen-Überschuss vorhanden ist, wird häufig von *kritischen* oder *sensiblen Phasen* gesprochen, in denen sich das zu diesem Zeitpunkt noch stark formbare und für bestimmte Lernerfahrungen sehr empfängliche Gehirn in verschiedenste Richtungen entwickeln kann – sofern es den entsprechenden Input erhält (Schaner-Wolles, 2005). Die für den Spracherwerb angenommene sensible Phase dauert etwa bis zum sechsten oder siebten Lebensjahr: Während ein Säugling noch sämtliche Laute jeglicher Sprachen unterscheiden und ein Kleinkind alle Phoneme korrekt nachsprechen kann, bauen sich die nicht benötigten Synapsen innerhalb der darauffolgenden Lebensjahre ab, da sich das Kind ja für gewöhnlich nur eine einzige Sprache mit einer limitierten Anzahl von Phonemen aneignet. Daher gelingt es einem Schulkind insbesondere ab der Pubertät in der Regel nicht mehr eine neue Sprache fehler- und akzentfrei zu erlernen (Textor, 2006).

---

[3]   Je häufiger eine Verbindung genutzt wird, desto stärker und stabiler werden die Verbindungsfasern. Damit eine ungestörte und schnelle Signalübertragung gewährleistet werden kann, werden jene stark genutzten Verbindungsfasern im Laufe der Zeit mit Myelinfasern überzogen. Diese schützende Faserhülle bewirkt eine zusätzliche Stabilisierung der Gedächtnisinhalte und führt zu deren weitgehenden Unveränderbarkeit. Daher kann in der Kindheit Gelerntes in der Regel besonders leicht und sicher erinnert werden. Im Erwachsenenalter erworbene Nervenbahnen sind dagegen weniger gut myelinisiert (Pauen, 2004).

Dass ein Mensch jedoch auch *nach* diesem Zeitraum noch in der Lage ist, eine oder mehrere neue Sprachen - wenn auch nicht mehr perfekt - zu erwerben, zeigt, dass die Bedeutung sensibler Phasen nicht überbetont werden darf. Nach Klatte (2007) sollten sensible Phasen als Zeiträume betrachtet werden, in denen bestimmte Fähigkeiten besonders leicht und schnell erworben werden können anstatt von einem Zeitfenster auszugehen, das sich irgendwann unwiderruflich schließe.[4] Insbesondere aus pädagogischer Sicht sollte die allgemeine Lernfähigkeit auch außerhalb dieser Phasen daher nicht unterschätzt werden.

2.3 Was geschieht beim Lernen im Gehirn?

Wie dargestellt wurde, werden neuronale Verbindungen während eines Lernprozesses unter dem Einfluss von Umweltreizen entweder verstärkt oder geschwächt. Diese neuronalen Aktivitäten bewirken veränderte Funktionsabläufe im Gehirn, die schließlich zu einer Modifikation unseres Verhaltenspotentials führen. Lernen kann jedoch nur dann erfolgen, wenn Erfahrungen und Informationen gespeichert und bei Bedarf abgerufen werden können. Für diese Leistungen ist das Gedächtnis zuständig, das sich entsprechend seiner Komplexität und Funktionsvielfalt nach unterschiedlichen Kriterien wie z. B. Zeit (Speicherdauer) und Inhalt unterteilen lässt. Im nächsten Abschnitt erfolgt zunächst eine knappe Darstellung der Untergliederung entlang der Zeitachse.

2.3.1 Das Mehrspeichermodell

Bei den Vorgängen der Aufnahme und Speicherung von Informationen unterscheiden Atkinson und Shiffrin (1968) drei interagierende Gedächtnissysteme mit unterschiedlicher Haltedauer: das Ultrakurzzeitgedächtnis, das Kurzzeitgedächtnis (KZG) und das Langzeitgedächtnis (LZG). Nach diesem Modell gelangt eine aus der Umwelt aufgenommene Information vom Ultrakurzzeitgedächtnis (auch: *sensorische Speicher* oder *sensorisches Register*), das hauptsächlich Sinneseindrücke speichert, zum Kurzzeitgedächtnis und kann schließlich im Langzeitgedächtnis gespeichert werden. Die zeitliche Begrenzung des Ultrakurzzeitgedächtnisses liegt dabei im Millisekundenbereich (visuelle Reize) bis Sekundenbereich (bis zu 4 Sekunden für akustische Information), während das Kurzzeitgedächtnis eine

---

4 Dass sich Entwicklungsfenster endgültig schließen können, lässt sich bislang nur für das Sehen sowie für bestimmte Aspekte des Spracherwerbs bestätigen (ebd.).

Zeitspanne im Sekundenbereich bis maximal wenige Minuten umfasst (Pritzel, Brand & Markowitsch, 2009).

Im Kurzzeitgedächtnis können Inhalte durch inneres Sprechen (Rehearsal) aktiv aufrechterhalten werden (z. B. inneres Aufsagen einer Telefonnummer). Je häufiger dabei eine Information im Kurzzeitgedächtnis wiederholt wird, desto höher ist die Wahrscheinlichkeit ihres Transfers ins Langzeitgedächtnis. Im Langzeitgedächtnis, dem eine unbegrenzte Kapazität zugesprochen wird, sind die Informationseinheiten diesem Modell zufolge überwiegend semantisch abgelegt.

Neuropsychologische Untersuchungen konnten bestätigende Hinweise für die von Atkinson & Shiffrin postulierte Gedächtnisstruktur - Unterteilung des Gedächtnisses in verschiedene Subsysteme mit unterschiedlichen Charakteristika - liefern (Roediger, Gallo & Geraci, 2002). Andere Befunde kann das Modell in seiner ursprünglichen Form dagegen nicht erklären; so wurde beispielsweise nachgewiesen, dass nicht nur die Artikulationsrate, sondern auch andere Itemcharakteristika wie die Vorkommenshäufigkeit eines Wortes oder die Konkretheit eines Begriffs einen Einfluss auf die Wiedergabeleistung haben (Nairne, 2002).

Eine Weiterentwicklung des skizzierten Modells führte zum Konzept des *Arbeitsgedächtnisses* (working memory), das gleichzeitig eine Präzisierung der Modellidee des Kurzzeitgedächtnisses darstellt: Baddeley & Hitch (1974) konzipierten das Arbeitsgedächtnis als ein aktives Verarbeitungssystem, zunächst bestehend aus einer zentralen Exekutive und zwei Subsystemen, in denen Informationen nicht nur für kurze Zeit passiv aufbewahrt, sondern so aufbereitet werden, dass sie bei aktuellen Aufgabenstellungen (z. B. beim Lesen eines Textes oder beim Rechnen) zielgerichtet verwendet werden können. Konkret dient die phonologische Schleife (*phonological loop*), die sich aus dem phonologischen Speicher und dem artikulatorischen Kontrollprozess zusammensetzt, der Aufbewahrung sprachlicher Information, während der visuell-räumliche Notizblock (*visuospatial sketch pad*), der aus dem *what-System* (Objektidentifikation, Musterverarbeitung) und dem *where-System* (Objektlokalisation im Raum) besteht, visuelle Informationen bearbeitet. Die darüber hinaus angenommene zentrale Exekutive (*central executive*) wird als übergeordnete Leitzentrale betrachtet, die für die Steuerung von Aufmerksamkeit sowie für die Koordination von Lernprozessen zuständig ist.

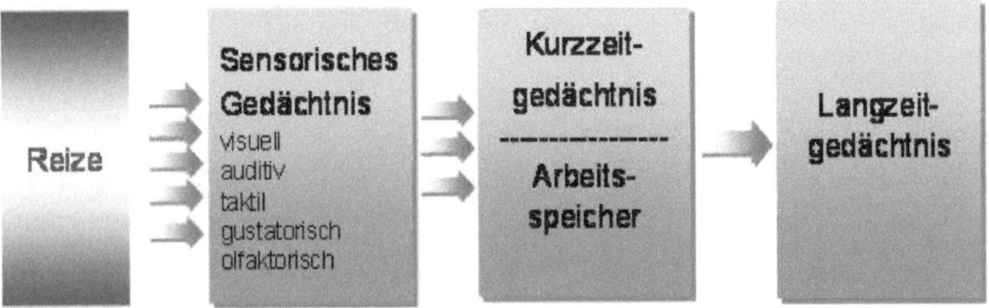

Abbildung 2: Zeitliche Untergliederung des Gedächtnisses (del Monte, 2010)

Baddeley ergänzte sein Modell im Jahr 2000 um den episodischen Speicher bzw. episodischen Puffer (*episodic buffer*), der eingehende Stimuli mit den gegenwärtig abgerufenen Informationen aus dem Langzeitgedächtnis zu einer kurzfristigen kohärenten Episode verknüpft. Dem erweiterten Modell nach ist dieser somit für den Austausch von Informationen mit dem Langzeitgedächtnis zuständig.

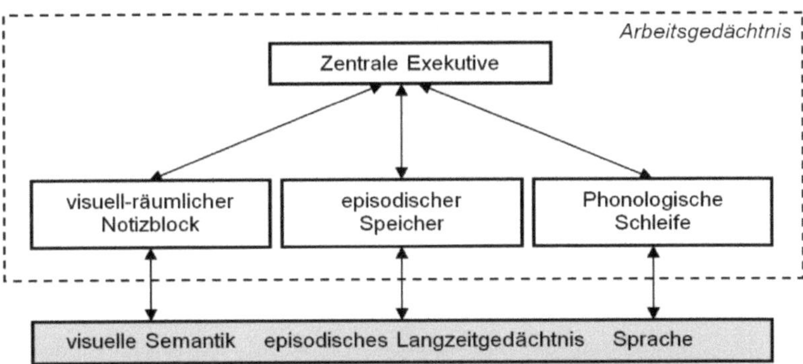

Abbildung 3: Schematische Darstellung von Baddeleys Arbeitsgedächtnismodell. Transparente Flächen beschreiben die Komponenten des Arbeitsgedächtnisses, grau hinterlegte Flächen kennzeichnen Elemente des Langzeitgedächtnisses (nach Prölß, 2014).

2.3.2 Die inhaltliche Untergliederung des Langzeitgedächtnisses

Unterteilt nach den Kriterien der Bewusstheit und der sprachlichen Fassbarkeit von Informationen unterscheidet das Modell von Squire (1987) insgesamt zwei Langzeitgedächtnissysteme: das *deklarative* (*explizite*) und das *nicht-deklarative* (*implizite*) *Gedächtnis*. Die Inhalte des deklarativen Gedächtnisses können aktiv ins Bewusstsein gerufen werden, lassen sich sprachlich beschreiben (engl. "to declare") und bewusst erinnern. Dem gegenüber sind Inhalte des nicht-deklarativen Gedächtnisses nicht zwangsläufig mit bewussten Erinnerungen oder einem Vertrautheitsgefühl verbunden. Stattdessen scheinen sie zu veränderten

Verhaltensdispositionen zu führen und lassen sich sprachlich nicht ausdrücken (Goschke, 2007).

Während das deklarative Gedächtnis in diesem Modell in episodisches und semantisches Gedächtnis unterteilt wird, also autobiographische Ereignisse und Faktenwissen beinhaltet, umfasst das nicht-deklarative Gedächtnis Priming, prozedurale Fertigkeiten, assoziatives Lernen (klassische Konditionierung) sowie nicht-assoziatives Lernen (Habituation).

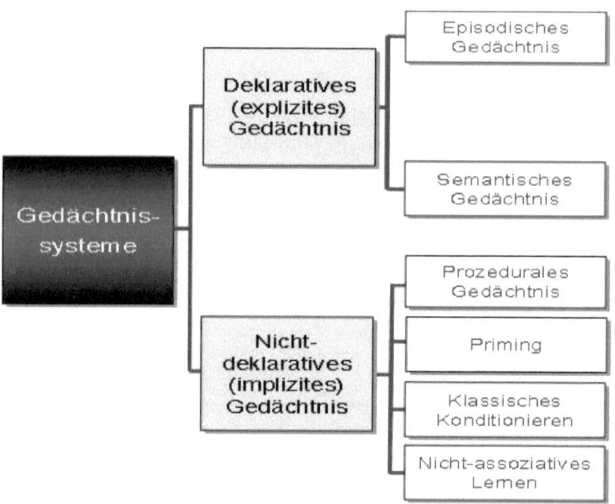

Abbildung 4: Gedächtnisarten nach Squire (del Monte, 2010)

In Anlehnung an Tulving (1995) schlagen Markowitsch & Welzer (2005) fünf Systeme des Langzeitgedächtnisses vor, wobei die Aufzählung der Reihenfolge ihrer jeweiligen Entwicklung entspricht:

1. Das *prozedurale Gedächtnis* umfasst motorische Fertigkeiten sowie Gewohnheitshandlungen (z. B. Fahrradfahren oder Kaffeekochen).

2. *Priming* meint eine bessere Leistung im Wiedererkennen von zuvor (unbewusst) Wahrgenommenem aufgrund vereinzelter Elemente (z. B. das Wiedererkennen einer zuvor gehörten Melodie anhand weniger Tonabfolgen).

3. Das *perzeptuelle Gedächtnis* befähigt zum Erkennen von Objekten und Geräuschen einzig aufgrund ihrer wahrnehmbaren Charakteristika, die eine Bekanntheits- bzw. Vertrautheitsempfindung auslösen (z. B. Obstsorte, die

man schon einmal gesehen hat und daher als „bekannt" eingestuft wird, obwohl weder Name noch Geschmack geläufig sind).

4. Im *semantischen Gedächtnis* sind Fakten sowie allgemeines Weltwissen abgelegt, die keinen persönlichen Bezug aufweisen und daher ohne Kontext abgespeichert sind (z. B. das Wissen um die Bedeutung der Relativitätstheorie).

5. Im *episodischen Gedächtnis* sind autobiographische Erlebnisse einer Person abgespeichert, die einen räumlichen, zeitlichen und situativen Bezug besitzen und in der Regel auch emotional bewertet werden (z. B. die Erinnerung an die letzte Geburtstagsfeier).

Im Schulunterricht am häufigsten anzutreffen ist das bewusste, explizite Lernen von Fakten und Ereignissen. Auch wenn diese Inhalte unterschiedlichen Gedächtnissystemen zugeordnet werden, sind sie nicht immer leicht voneinander zu trennen: Beispielsweise kann das Lernen von Fakten (z. B. bestimmter physikalischer Gegebenheiten) in ein bestimmtes Ereignis integriert sein, das Teil unseres episodischen Gedächtnisses wird; so könnten wir uns während der Beantwortung einer Frage an die Vorführung eines dazu thematisch passenden Experimentes erinnern (Brand & Markowitsch, 2006a).

2.3.3 Relevante Hirnstrukturen bei Gedächtnisleistungen

In den vergangenen Jahrzehnten hat die Hirnforschung Erkenntnisse darüber gewinnen können, welche Hirnareale an Lernvorgängen sowie an der kognitiven Entwicklung von

Menschen beteiligt sind (Jozefowiez, 2012; Matejko & Ansari, 2012).

Bei der Gedächtnisbildung können drei Prozesse unterschieden werden, an denen jeweils unterschiedliche Hirnstrukturen beteiligt sind: *Enkodierung, Speicherung/ Konsolidierung* und *Abruf.* In jeder dieser Phasen, die miteinander interagieren, kann eine Störung vorkommen und bewirken, dass das Gedächtnis versagt (Horstmann & Dreisbach, 2012).

Die Enkodierungsphase bezieht sich auf die anfängliche Aufnahme der Information, infolge derer eine noch sehr labile Repräsentation dieser Information in den neuronalen Netzwerken des Gehirns entsteht (Born, 2006). Anschließend folgt der Prozess der Konsolidierung: Da die gerade enkodierten Gedächtnisspuren sehr instabil sind, wird die betreffende Information schnell vergessen. Folglich erfordert längerfristiges Behalten einen Vorgang, der die Gedächtnisspuren verfestigt. Angenommen wird, dass jene Verfestigung gleichzeitig mit einer Zusammenführung und Vernetzung der neu aufgenommenen Information mit bereits im Langzeitgedächtnis gespeichertem Wissen einhergeht (ebd.).

Das Konsolidieren und Speichern der Gedächtnisinhalte ermöglicht schließlich die dritte Phase der Gedächtnisbildung: das Erinnern bzw. den Abruf der gespeicherten Informationen.

Im folgenden Abschnitt werden die Grundlagen der Verarbeitung episodischer und semantischer Informationen und ihr Transfer vom Kurz- ins Langzeitgedächtnis dargestellt, wobei die exakte Zuordnung einzelner Gedächtnisfunktionen zu spezifischen Hirnarealen bislang nur bedingt möglich ist.[5] Bekannt ist hingegen, dass die für die unterschiedlichen Funktionen zuständigen Hirnbereiche sehr gut miteinander vernetzt sind.

Episodische und semantische Informationen gelangen zunächst über sensorische Bahnen in das Gehirn. Angenommen wird, dass sie kurzzeitig in kortikalen Assoziationsarealen gespeichert werden, speziell in denen des lateralen parietalen Kortex (Piefke & Markowitsch, 2009). Daneben werden Teile des präfrontalen Kortex als Kurzzeitspeicherorte erörtert. Anschließend gelangen die Informationen zum limbischen System, das die Enkodierung und Konsolidierung emotionaler und kognitiver Information erbringt (Piefke & Fink, 2013). Dabei kommen sowohl dem Hippocampus als auch der Amygdala als „Zentren" des limbischen Systems eine Schlüsselrolle zu.

---

[5]   Informationen über einzelne Hirnfunktionen erhält man insbesondere über Patienten, die in bestimmten Hirngebieten Schädigungen aufweisen, die zu einer Beeinträchtigung spezifischer Funktionen führen.

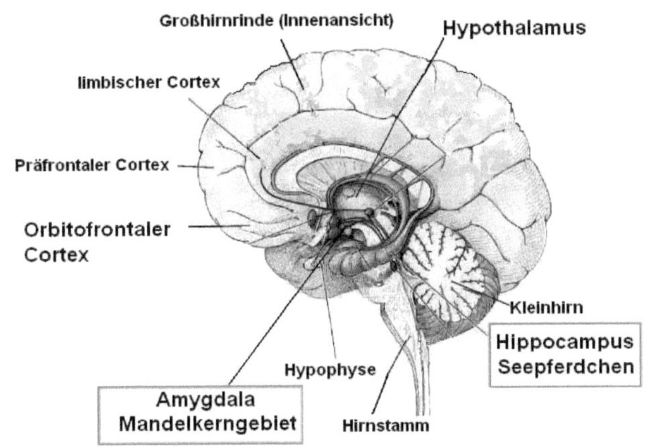

Abbildung 5: Lage von Hippocampus und Amygdala im limbischen System (Heinz, 2016)

Damit Informationen im Langzeitgedächtnis eintreffen, müssen sie in zwei miteinander verbundenen Schaltkreisen mit jeweils unterschiedlicher Funktion und anatomischer Struktur verarbeitet werden. Der nach seinem Entdecker benannte *Papez'sche-Schaltkreis* besteht selbst ebenfalls aus zwei Schaltkreisen, von denen sich der eine in der linken, der andere in der rechten Gehirnhälfte befindet. Während im linken Schaltkreis sprachliche Inhalte verarbeitet werden, gelangen räumliche Informationen wie z. B. Wege von Straßenkarten in den rechten Schaltkreis. Als Pforte zum Papez'schen Schaltkreis gilt der Hippocampus, der decodierte sensorische Informationen aus den entsprechenden Sinnesbereichen der Hirnlappen erhält. Anschließend gelangen die Informationen durch den Fornix zu den Mamillarkörpern, dem Thalamus und schließlich zum Gyrus Cinguli, von wo aus sie entweder weiter zu spezifischen Speicherorten wandern oder zur weiteren Festigung im Schaltkreis verbleiben.[6]

Unklar ist bislang, wann gespeicherte Erinnerungen vom medialen Temporallappen und somit vom Hippocampus unabhängig sind. Hierzu existieren zwei Theorien:

---

[6]   Neben der Verfestigung von Informationen ist der *Papez'sche Schaltkreis* auch beim Abruf von Informationen involviert.

Das *klassische Modell* (auch: *Standardmodell*) der Gedächtniskonsolidierung nimmt an, dass der Hippocampus nur so lange an dem Abruf deklarativer Information beteiligt ist, bis die Informationen in die neokortikalen Speicherorte überführt worden sind und somit eine permanente Ablagerung vollzogen wurde. Im Anschluss daran ist die Information dann ohne Involviertsein des Hippocampus unmittelbar aus den jeweiligen Speicherorten abrufbar (Piefke & Fink, 2013). Dieses Modell postuliert folglich eine Hippocampus-unabhängige Langzeitspeicherung.

Dagegen geht die *Theorie multipler Gedächtnisspuren* (*Multiple Trace Theory*) von einer lebenslangen Beteiligung des Hippocampus an Ablagerung und Abruf insbesondere episodischer Erinnerungen aus (ebd.). Auch in diesem Modell wird ein grundsätzliches Zusammenspiel zwischen neokortikalen Strukturen und archikortikalem Hippocampus angenommen.

Der *basolateral-limbische* Schaltkreis - bestehend aus Amygdala, mediodorsalem Thalamus und Teilen des basalen Vorderhirns - ist insbesondere an der Verarbeitung emotionaler Reize beteiligt sowie an der Encodierung von mit Emotionen verbundenen Erfahrungen (Pritzel, Brand & Markowitsch, 2009). Beide Schaltkreise arbeiten jedoch nicht unabhängig voneinander, sondern zwischen ihren Strukturen existieren zahlreiche Verbindungen.

Angenommen wird, dass die Speicherung von Faktenwissen sowie episodischer Informationen im Langzeitgedächtnis in ausgedehnten neuronalen Netzwerken erfolgt, die sich größtenteils in neokortikalen Hirnregionen befinden. Weiter existieren Hinweise darauf, dass die Speicherung zudem einen Rückgriff auf allokortikale und subkortikale Hirnstrukturen verlangt (Piefke & Fink, 2013).[7] Während in der rechten Hirnhälfte eher episodisches Wissen gespeichert wird, bewahrt die linke Hirnhälfte vorwiegend semantische Information. Daneben ist der linke Temporallappen mehr an der Verarbeitung von Sprachlauten (Sprachgedächtnis) beteiligt, der rechte Temporallappen an der Verarbeitung von Musik und dem nicht-sprachlichen Gedächtnis.

Zudem wird davon ausgegangen, dass am Abruf episodischer und semantischer Informationen insbesondere der Stirn- sowie der Schläfenlappen (Temporallap-

---

[7] Die Informationsspeicherungsprozesse sind mithilfe der fMRT nicht direkt ersichtlich, sondern können über die Messung von Hirnaktivität zum Zeitpunkt von Enkodierung und Abruf nur indirekt erschlossen werden

pen) beteiligt sind. Beim Abruf episodischer Gedächtnisinhalte sind insbesondere präfrontale Bereiche sowie der Temporallappenpol der rechten Hirnhälfte (Hemisphäre) involviert, beim Abruf semantischer Informationen präfrontale Bereiche und der Temporallappenpol der linken Hemisphäre (Markowitsch, 2003). Die genannten Hirnareale werden jedoch nicht als die eigentlichen Speicherorte betrachtet; stattdessen wird ihnen eine Triggerfunktion zugesprochen, die den Abruf aus den tatsächlichen Repräsentationsbereichen steuert und aktiviert (del Monte, 2010).

Inzwischen ist bekannt, dass auch der Schlaf bei der Gedächtniskonsolidierung eine entscheidende Rolle spielt: Bei der Aufnahme neuer Informationen werden noch instabile Spuren vom Hippocampus zum Neokortex angelegt (s.o.), die später im Tiefschlaf reaktiviert und verfestigt werden. Auch wenn das Gehirn im Schlaf nicht aktiv mit der Umwelt interagiert, lassen sich insbesondere im Hippocampus charakteristische Hirnwellen, die sogenannten *sharp wave ripples*, messen. Diese sind verstärkt bei Ratten zu beobachten, nachdem sich diese tagsüber einen Weg durch ein Labyrinth eingeprägt haben, ebenso wie bei Menschen nach dem Lernen von Vokabeln (Reinberger, 2016). Bei Auftreten dieser Hirnwellen ruft der Hippocampus das tagsüber Gelernte während des Schlafs sozusagen nochmals ab und leitet die entsprechende Information zur Langzeitabspeicherung Richtung Neocortex weiter (Westermann, Lange, Textor & Born, 2015). Diese Annahme wurde durch eine Reihe von Untersuchungen mithilfe der funktionellen Magnetresonanztomografie bestätigt (z. B. Gais et al., 2007; Dudai, Karni & Born, 2015). Zudem zeigte sich, dass die Tiefschlafphasen insbesondere für das deklarative Lernen, also für das Abspeichern neuer Fakten, entscheidend sind.[8]

---

[8] Wie stark das deklarative Gedächtnis auf Tiefschlafphasen angewiesen ist, konnte u.a. eine Studie mit Kindern, bei denen ADHS diagnostiziert worden war, nachweisen. Die Versuchspersonen zeigten verringerte Tiefschlafphasen sowie Defizite im deklarativen Gedächtnis. Wurde der Tiefschlaf beziehungsweise die dafür typischen Hirnwellen jedoch mit Hilfe transkranieller Hirnstimulation gezielt angeregt, führte dies zu einer Verbesserung des deklarativen Gedächtnisses (Prehn-Kristensen, Munz, Göder, Wilhelm, Korr, Vahl, Wiesner & Baving, 2014).

3 Lernen aus pädagogisch-psychologischer Sicht

Nach der in der Literatur häufig zitierten Definition von Bower & Hilgard (1983) bezieht sich Lernen auf „die Veränderung im Verhalten oder im Verhaltenspotential eines Organismus hinsichtlich einer bestimmten Situation, die auf wiederholte Erfahrungen dieses Organismus in dieser Situation zurückgeht, vorausgesetzt, dass diese Verhaltensänderungen nicht auf angeborene Reaktionstendenzen, Reifung oder vorübergehende Zustände zurückgeführt werden kann" (S. 31). Demnach beschreibt Lernen folglich den Erwerb oder die Veränderung von Verhalten bzw. Handlungsmöglichkeiten aufgrund von Erfahrung.

Neben dieser lernpsychologischen Definition von Lernen als Verhaltensänderung kann Lernen auch als Wissenserwerb (kognitives Lernen) verstanden werden: Demzufolge ist Lernen „ein bereichsspezifischer, komplexer und mehrstufiger Prozess, der die Teilprozesse Verstehen, Speichern und Abrufen einschließt und der unter der Voraussetzung, dass diese drei genannten Prozesse günstig verlaufen, auch zum Gebrauch (dem sog. Transfer) des erworbenen Wissens führen kann" (Steiner, 2001, S. 164).

Mithilfe von Lerntheorien wird versucht, den Prozess des Lernens psychologisch zu beschreiben und zu erklären. Im Folgenden werden die drei bekanntesten und für die pädagogische Praxis besonders bedeutsamen Lerntheorien vorgestellt, die historisch und inhaltlich aufeinander aufbauen und sich zum Teil gegenseitig ergänzen, in anderen Punkten dagegen ausschließen. Im Anschluss an die dargestellten Grundzüge der einzelnen Theorien wird ihre Relevanz hinsichtlich der schulischen Lehr-Lern-Situation skizziert. Weiterhin wird auf die ihnen jeweils zugrundeliegenden neurobiologischen Befunde Bezug genommen; zuletzt erfolgt eine knappe Darstellung wesentlicher Kritikpunkte an den einzelnen Lerntheorien.

3.1 Behavioristische Lerntheorien

Kernpunkt behavioristischer Theorien bildet die Vorstellung, dass Lernen durch einen Reiz-Reaktions-Mechanismus ausgelöst wird: Der lernende Organismus reagiert auf äußere Reize (sog. Stimuli) und erwirbt somit neue Verhaltensweisen (z. B. Wissen oder Fertigkeiten). Das Gehirn des Lernenden, der erst auf äußere Reize hin aktiv wird bzw. in Reaktion mit der Umwelt tritt, wird als *black box* betrachtet. Einzig das beobachtbare Verhalten bzw. die Verhaltensänderung gibt Aufschluss über einen möglichen Lernerwerb, während Vorkenntnisse oder interne Vorgänge wie beispielsweise Motivation oder Problemlöse-kompetenzen unberücksichtigt bleiben. Die auf das Verhalten folgenden Konsequenzen gelten wiederum als neue Reize, die das Verhalten steuern können.

Hiermit sind zwei Konditionierungsmodelle angesprochen:

Der russische Mediziner und Physiologe Iwan Pavlov (1849-1936) gehörte zu den ersten, die das Phänomen der *klassischen Konditionierung* beschrieben: Ein an sich neutraler Reiz wird so lange mit einem Reiz verknüpft, der eine bestimmte Reaktion auslöst, bis der ursprünglich neutrale Reiz auch allein dargeboten diese Reaktion hervorruft.[9] Das klassische Konditionieren wird auch als *Signallernen* bezeichnet.

Durch Skinner (1954) gewinnt das Lernen als Reiz-Reaktions-Kette eine wesentliche Erweiterung: Beim *operanten Konditionieren* (auch: *Reaktionslernen*) wird ein bestimmter Reiz erst dann präsentiert, nachdem der Organismus ein bestimmtes Verhalten gezeigt hat. Das Verhalten lässt sich somit steuern, indem es konsequent durch die Darbietung eines angenehmen Reizes (positiv) oder durch die Entfernung eines unangenehmen Reizes (negativ) verstärkt wird.

Da Lernen nach behavioristischer Lehre als eine Art Trainingsprozess verstanden wird, soll Schülerverhalten in schulischen Lehr-Lernprozessen zielgerichtet gesteuert und verändert werden (können): Die Lehrkraft gestaltet die Lehr-Lernsituationen so, dass die erwünschten Lernergebnisse eintreten und erhalten bleiben. Lehrende nehmen somit eine autoritäre Rolle ein; sie allein entscheiden, was gelernt werden soll, während die Schüler weitgehend in Passivität verharren (Reinmann, 2013).

Für soziale Lernziele sind die Ansätze des klassischen und operanten Konditionierens von großer Bedeutung (z. B. Steuerung durch Belohnung bei gezeigtem erwünschten Verhalten), während sie für kognitive Lernziele nur in denjenigen Wissensbereichen eine Rolle spielen, für die reines Faktenwissen erworben wer-

---

[9] In seinem wohl berühmtesten Experiment setzte Pavlov Hunde als Versuchstiere ein. Als unkonditionierter Reiz/Stimulus (US) wurde Futter verwendet, das bei den Hunden die unkonditionierte Reaktion (UR) „Speichelfluss" auslöste. Pavlov konnte beobachten, dass nach mehrmaliger Paarung eines Glockentons als konditionierter Reiz/Stimulus (CS) mit dem Futter als US eine der UR-ähnliche Reaktion schon bei dem Klingelzeichen allein auftrat (die sog. konditionierte Reaktion (CR)).

den muss - wie beispielsweise beim Vokabellernen oder dem Erlernen des kleinen Einmaleins.

Neurowissenschaftlich erklären lassen sich die vom behavioristischen Lernmodell beschriebenen basalen Lernprozesse durch eine sich verstärkende Synapsenbildung zwischen Nervenzellen (s. Kapitel 2.2): Je häufiger dem Lernenden eine Information wiederholt dargeboten wird, desto stabiler wird die Synapsenverbindung beispielsweise zwischen solchen Nervenzellen, die ein deutsches Wort und seine Übersetzung in eine fremde Sprache repräsentieren (Vogt & Hechenleitner, 2007).

Hauptkritikpunkt an behavioristischen Lerntheorien ist die Beschränkung auf das beobachtbare Verhalten bei gleichzeitiger Ausblendung der inneren Prozesse des Lernens. Durch die lineare Wissensweitergabe gelangen die Lerner zudem zu keinen individuellen Erkenntnissen, ebenso wenig wird ihre Problemlösefähigkeit geschult. Darüber hinaus bleibt unbeachtet, dass die Übertragung von Laborversuchen auf komplexe menschliche Verhaltensweisen nicht immer ausnahmslos möglich ist (Skowronek, 1969). Insgesamt erscheint die behavioristische Lerntheorie unvollständig, da lediglich einzelne Handlungen und Lernprozesse hierdurch erklärbar sind.

3.2 Kognitive Lerntheorien

In den 60er und 70er Jahren vollzieht sich die sogenannte „kognitive Wende" der Psychologie, indem die dem Lernen zugrundeliegenden kognitiven Strukturen und Prozesse stärker in den Focus rücken: Lernen wird nunmehr als Prozess der Informationsverarbeitung verstanden. Diese erfolgt im Gehirn, dessen sensorisches Register Informationen aufnimmt, sie im Kurzzeitgedächtnis mit dem bereits vorhandenen Wissen in Zusammenhang bringt und schließlich im Langzeitgedächtnis dauerhaft abspeichert (Vogt & Hechenleitner, 2007). Anders als im Behaviorismus nimmt der Lernende in der bewussten Auseinandersetzung mit seiner Umwelt also eine aktive Rolle ein.

Eine grundlegende Rolle für das Verstehen der Veränderung kognitiver Strukturen bei Kindern und Jugendlichen spielen die Arbeiten von Jean Piaget. Dieser geht davon aus, dass die kognitive Entwicklung in vier aufeinander aufbauenden Stufen verläuft und sich anhand neuer Erfahrungen vollzieht. Piaget beschreibt zwei zentrale Lernprozesse in der Auseinandersetzung mit der Umwelt: Unter dem Vorgang der *Assimilation* versteht er die Integration von Ereignissen in bereits bestehende kognitive Strukturen. Hierbei nimmt der Organismus ausschließlich das wahr, was in seine bereits bekannten Strukturen passt. Falls die vorhandenen Schemata für eine erfolgreiche Assimilation unzureichend sind, müssen sie erweitert werden. In diesem Fall werden die kognitiven Strukturen an die äußeren Bedingungen angepasst. Dies beschreibt der Vorgang der *Akkomodation*.

Dass Menschen auch durch Beobachten und Nachahmen lernen können, zeigt schließlich Bandura (1977) mit seinem *Lernen am Modell*. Durch diese Form des Lernens, bei dem vier Teilprozesse durchlaufen werden, können sowohl neue Verhaltensweisen entstehen als auch bereits vorhandene aktiviert bzw. deaktiviert werden. Voraussetzung für ein solches Beobachtungslernen ist, dass der Beobachter als Lernender das Modell (real oder medial) als Vorbild wahrnimmt, mit dem er sich weitgehend identifizieren kann.

Nach kognitivistischer Lehre sorgt die Lehrkraft bewusst für das erfolgreiche Anknüpfen neuer Lerninhalte an bereits vorhandenes Wissen (Vorwissen), indem sie den Unterrichtsstoff didaktisch angemessen aufbereitet und ihn den Lernenden in überschaubaren Einheiten präsentiert. Den Kernpunkt bilden demnach die Vorstrukturierung und Systematisierung von Lerngegenständen (Tulodziecki, Herzig & Blömeke, 2009). Der Lehrer nimmt die Rolle des Tutors oder *didactic leaders* (Hasselhorn & Gold, 2006b) ein: Dieser hat nicht nur den Auftrag Wissen zu vermitteln, sondern soll zudem Problemstellungen vorgeben und den Lernenden Strategien anbieten, die ihnen ermöglichen auf den Lernprozess aktiv Einfluss zu nehmen. Denkbar wäre in diesem Zusammenhang z. B. das Offerieren von *Advance Organizern* (dt. „Lernhilfen"; Ausubel, 1974), die den Schülern helfen sollen, Verbindungen zwischen alten und neuen Lerninhalten herzustellen. Den Schülern selbst kommt im Lernprozess eine aktive Rolle zu, die über eine bloße Reaktion auf Reize (wie im Behaviorismus) hinausgeht: Lernen findet statt, indem der Lernende eigenständig Informationen aufnimmt, diese verarbeitet und anhand der durch die Lehrkraft vorgegebenen Problemstellung Lösungsmöglichkeiten erarbeitet (Meir, 2006).

Im kognitivistischen Lernmodell spielt das Anknüpfen an bereits gespeichertes Wissen eine bedeutende Rolle. Somit stehen neurowissenschaftlich betrachtet die Entwicklung und Gestalt neuronaler Netzwerke im Fokus, die biologisch den kognitiven Schemata (s.o.) entsprechen (Vogt & Hechenleitner, 2007). Durch den Abgleich von Vorwissen mit aktuell eintreffenden Informationen schätzt der Hippocampus deren Neuigkeitswert ein und beurteilt, in wie weit diese in bereits vorhandene Strukturen integriert werden können, zu welchen Nervenzellen also Synapsen entstehen müssen.[10]

An kognitiven Lerntheorien wird u.a. kritisiert, dass ihre Erklärungen für die komplexen Vorgänge beim Lernen letztlich unpräzise bleiben (Kerres, 1998) und dass Wahrnehmungsvorgänge auf kognitive Prozesse beschränkt sind. Die Bedeutung sozialer, emotionaler und motivationaler Prozesse bei Lernvorgängen wird vernachlässigt. Auch wenn sich die Lehrerrolle vom reinen Wissensvermittler zum Lernberater hin verschoben hat, betonen kognitivistische Ansätze weiterhin die externe Steuerbarkeit von Lernprozessen, während Aspekte eines eigenverantwortlichen und hauptsächlich selbstgesteuerten Lernens fehlen (Vogt & Hechenleitner, 2007).

3.3 Konstruktivistische Lerntheorien

In den 90er Jahren tritt mit der Entwicklung konstruktivistischer Lehr-Lern-Modelle ein erneuter Paradigmenwechsel ein. Wenngleich sich aus diesen zum Teil sehr unterschiedlichen Ansätzen bislang keine einheitliche Theorie herausgebildet hat, finden sich doch einige übereinstimmende Grundannahmen:

Ebenso wie im Kognitivismus fassen konstruktivistische Lerntheorien Lernen zunächst als individuellen Aufbauprozess auf. Darüber hinaus spielen jedoch die subjektive Wahrnehmung und Interpretation eine entscheidende Rolle. Der Lernende wird als zielgerichtet Handelnder betrachtet, der nach Informationen sucht und diese vor dem Hintergrund seines Vorwissens interpretiert. Schließlich leitet der Lernende hieraus neue Auffassungen und Konzepte von der Wirklichkeit ab (Hasselhorn & Gold, 2006). Kernpunkt ist also nicht ein Wissen, das von außen an den Organismus herangetragen und von diesem bearbeitet wird, sondern der Mensch selbst, der sich aus seiner individuellen Wahrnehmung der Umwelt die Wirklichkeit bzw. seine Sichtweise subjektiv konstruiert. Diese subjektive Realität hängt entscheidend von den bisherigen Erfahrungen und dem Vorwissen des Lernenden ab. Eine „objektive Wirklichkeit" existiert dieser Theorie nach nicht bzw. kann durch das Individuum nicht als solche wahrgenommen werden.

---

[10] Mit dem Einfluss vorhandenen Vorwissens auf den Lernerfolg beschäftigt sich ausführlicher Kapitel 4.1 der vorliegenden Arbeit.

Nach konstruktivistischer Lehre steht im schulischen Kontext nicht die von der Lehrkraft gesteuerte Vermittlung von Wissensinhalten im Vordergrund, sondern das Schaffen von Lerngelegenheiten in einer lernförderlichen Atmosphäre. Der Lehrer befindet sich in der Rolle des Lernbegleiters/Moderators, während seine Schüler zunehmend (Eigen-) Verantwortung für ihr Lernen übernehmen. In diesem Zusammenhang spielen u.a. Techniken wie Feedback und Selbsteinschätzung bzw. Reflektion von Lernfortschritten eine entscheidende Rolle.

Bekannt ist vor allem das Konzept des Entdeckenden Lernens (Bruner, 1961), bei dem sich die Lernenden aktiv, z. B. durch systematisches Beobachten oder mithilfe von Experimenten, mit einer Problemstellung auseinandersetzen und aufgrund ihrer dadurch gesammelten Erfahrungen Informationen über den jeweiligen Sachverhalt gewinnen.[11] Hierbei wird davon ausgegangen, dass sich das selbst erworbene bzw. „entdeckte" Wissen besonders nachhaltig in den Wissensspeicher der Lernenden verankert (Reich, 2002).

Neurowissenschaftlich können die angenommenen Lernprozesse über eine „makroskopisch-strukturelle Sicht" (Vogt & Hechenleitner, 2007, S. 9) erklärt werden, wobei das in neuronalen Netzwerken angelegte Langzeitgedächtnis weiter in die unter Kapitel 2.3.2 beschriebenen Gedächtnissysteme unterteilt wird. Beispielsweise ist das episodisch-autobiographische Gedächtnis im rechten Frontalkortex repräsentiert und zeichnet sich durch zahlreiche Verknüpfungen zu tiefer liegenden Hirnstrukturen wie der für Emotionen zuständigen Amygdala aus, wodurch es äußerst löschungsresistent ist. Wenn neue Informationen somit nicht nur in bereits bestehende neuronale Netzwerke eingebaut werden können, sondern darüber hinaus aufgrund ihrer Bedeutsamkeit episodisch abgespeichert werden, erhöhen sich nach Vogt & Hechenleitner (2007) die Abrufwahrscheinlichkeit sowie die Qualität des Gelernten (ebd.).

Didaktische Konzepte wie das Lernen in Kontexten oder Handlungsorientierung beruhen im Wesentlichen auf diesen beschriebenen Mechanismen.

---

[11] Ein Beispiel hierfür ist ein Unterricht, in dem die Schüler nicht in Form eines Lehrervortrags zu dem Thema „Die Entstehung von Städten" unterrichtet werden, sondern in welchem sie anhand einer Karte mit wenigen topographischen Merkmalen selbst herausfinden müssen, unter welchen Voraussetzungen und an welchen Punkten Städte entstehen (Beispiel entnommen aus: Neber, 1973).

4 Einflussfaktoren auf Lernerfolg – Erkenntnisse aus der Hirnforschung

Im zweiten Kapitel der vorliegenden Arbeit wurde dargestellt, dass Lernen aus neurowissenschaftlicher Perspektive auf einer Veränderung der synaptischen Kontakte zwischen den Nervenzellen beruht und dass die hierdurch veränderten Nervennetze vorübergehend zu Trägern der neuen Informationen in unserem Kurzzeitgedächtnis werden. Die Entscheidung, ob der neue Lerninhalt vom Kurzzeitgedächtnis ins Langzeitgedächtnis übergehen soll, was ja dem *Ziel* des bewussten (schulischen) Lernens entspricht, wird dabei aus neurobiologischer Sicht maßgeblich von einzelnen Faktoren beeinflusst, die in diesem Abschnitt erläutert werden sollen.

Auch wenn es zahlreiche individuelle Bedingungen wie Intelligenz, Begabung oder Anstrengungsbereitschaft gibt, die die Lernleistung verbessern oder verringern können, herrscht Konsens darüber, dass sich daneben auch einige allgemeine Charakteristika von förderlichen Lernsituationen und -prozessen darstellen lassen. Zum Beispiel gilt eine Lernsituation nur dann als förderlich, wenn sie eine ausreichende Vertiefung in den Lerninhalt ermöglicht – und um dieses Ziel zu erreichen muss gewährleistet sein, dass die *Aufmerksamkeit* des Lernenden uneingeschränkt auf die zu lernenden Informationen gerichtet werden kann, damit die lern- und gedächtnisrelevanten Hirnstrukturen die Informationen aktiv verarbeiten können (Brand & Markowitsch, 2006a).

Bildgebende Verfahren sowie neuartige Untersuchungsmöglichkeiten insbesondere von Stoffwechselvorgängen und der Wirkungsweise von Botenstoffen im Gehirn haben in den vergangenen zwei Jahrzehnten zu neuen Erkenntnissen in die Funktionsweise des Gehirns bei Lern- und Gedächtnisvorgängen geführt. Inzwischen ist bekannt, dass die Auswahl der Informationen, die ins Langzeitgedächtnis überführt werden, vorwiegend indirekten Einflüssen unterliegt. Als wesentliche Wirkfaktoren gelten neben dem bereits beschriebenen Vorhandensein von Aufmerksamkeit zum einen – den konstruktivistischen Lerntheorien entsprechend - die Herstellung eines Zusammenhangs mit bereits abgespeicherten Informationen (Vorwissen), die eine Einordnung in Bekanntes ermöglicht. Insbesondere diese Assoziationsbildung bildet die Grundlage für das semantische Faktengedächtnis. Daneben zählen zu den wesentlichen Einflussfaktoren, die neurowissenschaftlich verstärkt untersucht werden, die eigene emotionale und motivationale Beteiligung in Lernsituationen sowie bei neuen Erfahrungen. Im Folgenden sollen diese Einflussgrößen näher beleuchtet werden.

4.1 Vorwissen

Das im Langzeitgedächtnis abgespeicherte und verfügbare Wissen wird als *Vorwissen* bezeichnet und stellt eine zentrale Voraussetzung für den Erwerb neuen Wissens dar. Dabei verläuft Lernen umso erfolgreicher, je mehr inhaltsbezogenes und somit relevantes Vorwissen vorhanden ist – vorausgesetzt, es wird auch tatsächlich aktiviert und ist mit der zu verarbeitenden Information kompatibel.[12]

Gemäß neurowissenschaftlicher Befunde wird Vorwissen im Lernprozess durch die Aktivierung vorhandener neuronaler Verbindungen mobilisiert (Quast, 2011). Dabei können die neuen Informationen umso leichter in bereits vorhandenes Wissen integriert werden je mehr synaptische Verknüpfungen entstehen und sich durch Wiederholungen des Lerngegenstandes verfestigen. Nach Hasselhorn & Gold (2006) verbessert das bereits verfügbare Wissen über die neuen Inhalte die Qualität der Informationsverarbeitung über unterschiedliche Prozesse: Demnach erleichtert Vorwissen die Einschätzung über die Wichtigkeit von Informationen und unterstützt somit die Prozesse der selektiven Aufmerksamkeit. Daneben wird angenommen, dass das Arbeitsgedächtnis durch die schnellere Aktivierung von Konzepten und deren Verbindungen untereinander entlastet wird. Weiter wird davon ausgegangen, dass Vorwissen das Interesse am Lernstoff erhöht, was zu einer Steigerung der Bereitschaft weitere Ressourcen für den Lernprozess zu aktivieren führt und die Anwendung von Lernstrategien und ihre metakognitive Regulation unterstützt (ebd.).

4.2 Emotionen

Zunächst lassen sich Emotionen definieren „als ein komplexes Muster körperlicher und mentaler Veränderungen, darunter physiologische Erregung, Gefühle, kognitive Prozesse und Reaktionen im Verhalten als Antwort auf eine Situation,

---

[12] Entsprechende Studien wie die von Alvermann, Smith & Readence (1985) konnten zeigen, dass sich eine Aktualisierung von Vorwissen nachteilig auf die Verstehens- und Behaltensleistung auswirken kann, wenn die Vorkenntnisse in Konflikt mit den neu zu erwerbenden Informationen stehen.

die als persönlich bedeutsam wahrgenommen wurde" (Gerrig & Zimbardo, 2008, S. 454).

In Hinblick auf den erwünschten Lernerfolg wird die Rolle des individuellen emotionalen Bezugs zum Lerninhalt als bedeutsam diskutiert. Angenommen wird, dass sich diejenigen Informationen am sichersten und leichtesten einprägen lassen, zu denen der Lernende einen positiven Bezug aufweist (Markowitsch & Daum, 2001) - wenngleich auch besonders schlimme Erfahrungen dazu führen können, dass sich Betroffene immer wieder an das traumatische Ereignis erinnern. Neue und an sich neutrale Informationen werden in Abhängigkeit vom emotionalen Zustand bzw. Kontext, in dem sie gelernt werden, vermutlich in jeweils anderen Arealen des Gehirns gespeichert. So konnte Spitzer (2003) zeigen, dass bei negativen Emotionen in Lernprozessen die Amygdala, die als wichtiges Kerngebiet im Temporallappen insbesondere auf Bedrohung reagiert und u.a. Kampf- und Fluchtreaktionen auslöst, aktiviert wird.[13] Dagegen erfolgte bei positiven Emotionen eine Anregung des Hippocampus, der – wie die Amygdala ebenfalls Teil des limbischen Systems (s. Kapitel 2)- als eine Art kurzfristiger Speicherort für Fakten deklariert wird und in dem Lernen auch für gewöhnlich erfolgt. Das Einspeichern in neutralem emotionalen Zustand aktivierte hingegen den frontalen Kortex. Nach Spitzer (2003) haben die angenommenen unterschiedlichen Speicherorte erhebliche Folgen für die spätere Fähigkeit, mit den gelernten Fakten umzugehen: Während die im Hippocampus gespeicherten Informationen langfristig zur Verfügung stünden, führten die in der Amygdala gespeicherte Lerninhalte bei Abruf erneut zu körperlichen Stressreaktionen, was einen kreativen Umgang mit den entsprechenden Informationen erschwere (ebd.).

Sobald das „Gefühlszentrum" im limbischen System einen Reiz als besonders positiv oder negativ bewertet, werden vermehrt Botenstoffe wie Serotonin, Dopamin oder Noradrenalin ausgeschüttet, welche die Signalübertragung zwischen den Nervenzellen beeinflussen. Wie genau Noradrenalin auf die Gedächtnisbildung einwirkt, konnte u.a. das Forscherteam um den Neurobiologen Robert Malinow beschreiben: In Mäuseexperimenten zeigte sich, dass das Stresshormon die Anzahl sogenannter GluR1-Rezeptoren an den Nervenenden vermehrte, was eine Veränderung der Zellaktivität zur Folge hatte. Somit wurden bereits vorhandene

---

[13] In anderen Forschungsarbeiten wird die Amygdala auch mit der Verarbeitung emotionaler Reize mit *positiver* Konnotation assoziiert (Pritzel, Brand & Markowitsch, 2009).

Synapsen gestärkt und neue Verbindungen gebildet – was als wesentlicher Mechanismus der Gedächtnisbildung gilt. Mäuse mit einer hohen Noradrenalin-Freisetzung konnten sich deutlicher an vorherige Situationen erinnern als Nager aus der Kontrollgruppe. Andererseits reagierten die Tiere mit defekten GluR1-Rezeptoren nicht auf den Neurotransmitter; ihr Gedächtnis funktionierte nur mäßig (Hu, Real, Takamiya, Kang, Ledoux, Huganir & Malinow, 2007). Aufgrund der Ähnlichkeit von Mäusen- und Menschengehirnen kann nach Malinow davon ausgegangen werden, dass dieser Mechanismus auf den Menschen übertragbar ist: Je mehr GluR1-Rezeptoren folglich in einer Zellmembran vorhanden sind, desto besser können die Zellen untereinander kommunizieren und ein bestimmtes Aktivitätsmuster dauerhaft speichern (ebd.).

Vermutlich gilt dies jedoch nur für einmalige Stresssituationen. In weiteren Tierversuchen zeigte sich, dass extremer oder chronischer negativer Stress zu strukturellen Veränderungen bzw. Schädigungen im Hippocampus führt (konkret zum Abbau der Dendriten hippocampaler Neurone sowie zu einer Blockierung der Neurogenese), was eine Verschlechterung der Gedächtnisleistung zufolge hat (Kim & Diamond, 2002). Hieraus folgert u.a. Seng (2012), dass eine Stärkung des Erinnerungsvermögens über die an *positiven* Emotionen beteiligten Botenstoffe wie Dopamin und Serotonin wesentlich erfolgsversprechender sei.

Im Rahmen der Erforschung des Einflusses von Emotionen auf Gedächtnisprozesse belegen zahlreiche Studien, dass Veränderungen des *Kontextes* zwischen Lern- und Prüfungssituation ebenfalls einen bedeutenden Einfluss auf Erinnerungsleistungen haben (Überblick in Smith, 2007). Während sich die Gedächtnisleistung bei einer Übereinstimmung des Kontextes beim Lernen und beim späteren Abrufen verbessert, führt ein Kontextwechsel zu einer deutlichen Verschlechterung. Die Effekte werden sowohl bei einem externen als auch bei einem internen Kontextwechsel deutlich, wobei das emotionale Befinden als ein wesentlicher interner Kontext für die Modulation von Erinnerungsleistungen zu betrachten ist.

Festzuhalten bleibt, dass die Prozesse der Informationsspeicherung und des Abrufs von emotionalen Begleitumständen mitbestimmt werden und dass nachhaltiges Lernen in einer emotional positiven Atmosphäre offenbar wahrscheinlicher ist als in einer negativ erlebten.

4.3 Motivation

Hasselhorn & Gold (2009) verstehen unter *Motivation* die Bereitschaft, „sich intensiv und anhaltend mit einem Gegenstand auseinanderzusetzen. [...] Das Handeln wird dabei auf ausgewählte Ziele ausgerichtet und auf dem Weg dorthin in Gang gehalten, also mit psychischer Energie versorgt." (Hasselhorn & Gold, 2009, S.103)

Das motivationale Engagement in einem Unterrichtsfach steht in enger Wechselwirkung mit der Entwicklung der Fachkompetenz (Pekrun, Götz, Titz & Perry 2002). Angenommen wird, dass sich *intrinsische* Motivation wie Interesse oder Leistungswille längerfristig auf den Lernerfolg auswirkt, während *extrinsische* Motivation wie z. B. Lob oder gute Zensuren eher kurzfristig zu einer Steigerung der Leistung führt.[14] Da sich beide Arten jedoch gegenseitig beeinflussen, ist eine eindeutige Differenzierung zwischen den Formen nicht immer möglich (Roth, 2014).

Damit der Lernende überhaupt Motivation zum Lernen entwickeln kann, muss bei diesem die Erwartung einer für ihn attraktiven Belohnung (z. B. materielle Belohnung oder Anerkennung durch die Lehrkraft) nach erfolgter Lernanstrengung vorhanden sein (Roth, 2004). Erst eine solche als „lohnend" eingestufte Lernsituation löst somit eine Lernbereitschaft aus. Diese wird wiederum über Aufmerksamkeitsprozesse sowie über die Ausschüttung spezifischer lernfördernder Botenstoffe wie Noradrenalin und Acetylcholin gesteuert: Aktuelle Motiviertheit und Interesse am Lerngegenstand zeigen sich in einer Erhöhung des noradrenergen Systems, das in Form eines leichten Erwartungsstresses[15] die allgemeine Aufmerksamkeit steigert, des dopaminergen Systems (Neugier, Belohnungserwartung) und des cholinergen Systems (gezielte Aufmerksamkeit, Konzentration). Jene Systeme versetzen Großhirnrinde und Hippocampus in Lernbereitschaft und unterstützen die Verankerung des Lerninhalts im Langzeitgedächtnis (ebd.).

---

[14] Das spezielle Lerninteresse von Schülern kann dabei natürlich außerordentlich unterschiedlich und sowohl genetisch determiniert, frühkindlich festgelegt oder auch später erworben sein.

[15] Angenommen wird, dass positiv wahrgenommener „leichter" Stress das Lernen fördert, indem er eine wache Aufmerksamkeit ermöglicht und die Konzentration auf die wichtigsten Lerninhalte erleichtert.

Nach Roth & Strüber (2014) bildet das Dopaminsystem die Basis unseres Antriebs- und Motivationssystems. Der „Glücksbotenstoff" Dopamin ist Hauptakteur des neuronalen Belohnungssystems im Gehirn (auch: Mesolimbisches System).[16] Ein angenehmer Reiz von außen veranlasst das limbische System zu reagieren: Es erzeugt einen Drang, den der Kortex als bewusstes Verlangen erfasst. Anschließend erteilt dieser dem Körper die Anweisung, dem Verlangen nachzukommen (Krämer, 2013). Wird das Verlangen gestillt, werden das Tegmentum und die Substantia nigra im ventralen Teil des Mittelhirns aktiv. Die dopaminergen Neuronen projizieren zum Striatum und zum limbischen System - unter anderem zum Nucleus accumbens, der das „Glücksgefühl" erzeugt, sowie zur Amygdala, wo sie Dopamin ausschütten. Daneben gelangt der Botenstoff in den Hippocampus, wo die Informationen verschiedener sensorischer Systeme zusammenfließen, verarbeitet und an die Großhirnrinde zurückgesandt werden. (Wie im Abschnitt 2.3.3 dargestellt wurde, ist der Hippocampus wichtig für Lernen und Gedächtnis. Daher wird z. B. ein Kleinkind, nachdem es das erste Mal mit Genuss Schokolade gegessen hat, immer wieder danach verlangen). Zuletzt gelangt das Dopamin auch in den Kortex (ebd.).[17]

Zusammengefasst verdeutlichen die ausgewählten und skizzierten neurowissenschaftlichen Befunde, dass bei der erwünschten Abspeicherung der Informationen im Langzeitgedächtnis nicht nur die Lerninhalte selbst, sondern auch die Lern*bedingungen* wie der emotionale Zustand und der Grad der Motiviertheit eine Rolle spielen. Dargestellt wurde, dass neuroanatomisch das limbische System

---

[16] Zufällig entdeckt wurde das „Belohnungssystem" im Jahr 1954 durch die US-Forscher James Olds und Peter Milner, die das Verhalten von Laborratten untersuchten. Die Forscher setzten ihre Ratten in einen weitgehend leeren Käfig (sog. *Skinner-Box*), in dem lediglich ein Hebel vorhanden war. Drückte eine Ratte den Hebel, gab die in ihrem Gehirn eingepflanzte Elektrode einen kleinen Stromimpuls ab und reizte somit das „Belohnungssystem". Da die Tiere diese Selbststimulation offenbar als angenehme Belohnung für ihr Verhalten empfanden, drückten sie den Hebel immer wieder; ihr Verhalten wurde somit bestärkt.

[17] Lange Zeit wurde angenommen, dass die Ausschüttung von Dopamin ein Hochgefühl verursache, wodurch Tiere und Menschen zu Handlungen animiert würden, die ihnen erneut dieses Glücksgefühl versprachen. Studien des Neurologen Kent Berridge konnten diese Theorie jedoch 1996 widerlegen: Er zerstörte bei Laborratten Nervenverbindungen in der Nähe des lateralen Hypothalamus, wodurch Verbindungen zwischen dopaminergen Mittelhirnneuronen zum Striatum und zum Nucleus accumbens unterbrochen wurden, was eine verminderte Dopaminkonzentration in diesen Arealen zufolge hatte. Daraufhin hörten die Ratten auf zu fressen. Sobald Berridge ihnen jedoch einen Bissen auf die Zunge legte, verzehrten sie diesen. Berridges Folgerung daraus war, dass die Tiere die Nahrung zwar mochten, aber kein Verlangen mehr danach hatten, da ihnen die Motivation fehlte, nach Futter zu suchen. Tests an gesunden Laborratten bekräftigten diese Annahme: Wurden bei ihnen die dopaminergen Axone im lateralen Hypothalamus gereizt, entwickelten sie ein starkes Verlangen nach Futter, ohne dass sich dabei ihr Lustgewinn erhöhte.

mit Teilen der Großhirnrinde, der Hippocampusformation und der Amygdala an der Emotionalität und Motiviertheit des Lerners involviert ist und dass dies funktional über dopaminerge und neuromodulatorische Wirkmechanismen geschieht.

5 Rezeption neurowissenschaftlicher Erkenntnisse in der Pädagogik

Bis zu den 90er Jahren des vorigen Jahrhunderts waren neurowissenschaftliche Forschung und Pädagogik zwei völlig voneinander getrennte Bereiche. Erst ab diesem Zeitraum fanden Ergebnisse der Hirnforschung über Lern- und Gedächtnisvorgänge im Bereich der Pädagogik zunehmend Beachtung. Jener Ansatz mit dem Ziel einer Verbesserung der als defizitär wahrgenommenen Pädagogik ist somit eine recht junge Disziplin und wird häufig als *Neurodidaktik* bezeichnet. Der Begriff wurde von dem Mathematikdidaktiker Gerhard Preiß geprägt und „umschreibt die Aufgabe, dem Zusammenhang zwischen den neurobiologischen Bedingungen des Menschen und seiner Lernfähigkeit nachzugehen, um daraus Erkenntnisse für die Didaktik zu gewinnen" (Friedrich, 1995, S. 11). Das noch recht junge Forschungsgebiet beschäftigt sich folglich mit der Transfermöglichkeit neurobiologischer Erkenntnisse in den schulischen Unterricht.

Mit seiner geschürten Hoffnung auf eine neurowissenschaftlich optimierte Schule erreichte der „Neuroboom" in der öffentlichen Diskussion in den Jahren 2003/2004 seinen Höhepunkt.[18] Auf die anfängliche Euphorie folgte zunächst eine Phase der Ernüchterung – so lautete das Statement des Forschungsministeriums aus dem Jahr 2005: „Die häufig geäußerte Vorstellung, wonach die Hirnforschung zur Klärung theoretischer Kontroversen in der Pädagogik beitragen könnte, trifft nicht zu." Inzwischen scheint das öffentliche Interesse an einer möglichen Bereicherung der Pädagogik durch die Erkenntnisse der Hirnforschung jedoch wieder zugenommen zu haben, was neben einer wachsenden Anzahl an Publikationen, die sich allerdings häufig auf Forschungsergebnisse beziehen, die noch aus der Hochphase des Neurobooms (s.o.) stammen, auch an den vielfältigen Angeboten entsprechender Lehrer-Fortbildungsveranstaltungen und Elterninformationsabenden in Schulen erkennbar ist. Zudem wird auf breiter gesellschaftlicher Ebene über eine „Bildungsrevolution" mit anderen Schulen, anders ausgebildeten Lehrern und anderem Lernen diskutiert (Precht, 2013). Neben den nach wie vor auffindbaren Versprechungen vermeintlich revolutionärer Erkenntnisse über gelingendes Lernen gibt es inzwischen jedoch auch Hinweise darauf, dass „man sich

---

[18] Siehe beispielhaft hierfür das populäre Streitgespräch in der ZEIT zwischen dem Neurowissenschaftler Manfred Spitzer und der Lernforscherin Elsbeth Stern aus dem Jahre 2004

langsam auf ein vernünftiges Niveau der Trennung zwischen Wunschdenken und tatsächlichen Optionen hochgearbeitet hat" (Madeja, 2016, S. 170).

Grundsätzlich sind in der Auseinandersetzung mit den Befunden der Hirnforschung im Wesentlichen drei Positionen bzw. Richtungen erkennbar (Becker, 2006; Roth, 2013):

Zum einen handelt es sich um pädagogische Empfehlungen von Neurowissenschaftlern, die ausgehend von neurowissenschaftlichen Erkenntnisse auf die Verbesserung von Pädagogik und Didaktik abzielen. Hierzu zählen u.a. der nach wie vor sehr medienpräsente Psychiater Spitzer (2007; 2010), der Neuropsychologe Markowitsch (Brand & Markowitsch, 2006b) sowie die Neurobiologen Scheich (2003) und Hüther (2016), die betonen, dass die bisherige Schulpraxis aktuelle Befunde der Neurowissenschaften zum Lehren und Lernen weitgehend vernachlässige, obwohl diese die Pädagogik und Didaktik entscheidend verbessern könne. Die Kernaussage dieser ansonsten recht uneinheitlichen und tendenziell populärwissenschaftlich ausgerichteten „pädagogischen Neurobiologie" (Roth, 2013, S. 124) lautet: „Lernen ist nun schlechthin *der* Gegenstand der Gehirnforschung; daher wird ein Lehrer, der weiß, wie das Gehirn funktioniert, besser lehren können" (Spitzer, 2004, S. 31). Diese Annahme wird sowohl von den Medien als auch zunehmend von Lehrkräften interessiert aufgenommen, daneben jedoch von der psychologischen Lehr- und Lernforschung (z. B. Stern, 2004; 2015) und Erziehungswissenschaftlern (z. B. Becker, 2006; 2014) zum Teil heftig kritisiert.[19]

Daneben existiert eine Vielzahl an Ratgeberliteratur zum „(ge)hirngerechten Lehren und Lernen". Die Autoren der in der Regel populärwissenschaftlichen Arbeiten berufen sich auf neurobiologische Erkenntnisse, wenngleich sie selbst häufig keine entsprechende Fachkompetenz auf dem Gebiet der Neurobiologie nachweisen können. Die von ihnen entwickelten bzw. empfohlenen Methoden und Konzepte (z. B. „Suggestopädie" oder „Brain Gym") präsentieren sich oft sehr allgemein und ungenau, etwa indem sie zu einem „ganzheitliches" Lernen anregen, sowie zum Teil äußerst unwissenschaftlich, wenn sie z. B. für die Beseitigung des „Ungleichgewichts" zwischen beiden Hirnhälften plädieren. Zwischen den Konzeptionen bestehen sowohl hinsichtlich der Thematiken, bei denen auf Ergebnisse aus der Hirnforschung Bezug genommen wird, als auch im Hinblick auf die

---

[19]   Die Hauptkritikpunkte sind in Kapitel 5.2 dieser Arbeit zusammengefasst.

ausgewählten Rezeptionsausschnitte diverse Überschneidungen (Becker, 2006). So wird davon ausgegangen, dass die Gehirnaktivität durch gängige Lern- und Lehrmethoden nicht optimal ausgeschöpft werden könne. Durch hirngerechte Methoden sollen daher bislang brachliegende Kapazitäten genutzt sowie Lernprozesse insgesamt wirkungsvoller und nachhaltiger werden. Hierbei wird in der Regel auf die Unterschiede zwischen rechter und linker Gehirnhälfte (Hemisphärenasymmetrie) hingewiesen sowie auf die besondere Rolle von Emotionen bei Lernprozessen und auf Gedächtniskapazitäten aufmerksam gemacht.

Drittens sind Bestrebungen hauptberuflicher Pädagogen und Didaktiker zu verzeichnen. Hierzu zählen u. a. Friedrich und Preiß (2005), Herrmann (2009) und Scheunpflug (2001), die teilweise sehr unterschiedliche Konzepte vertreten. Nach Roth (2013) „bewegt sich die Rezeption neurowissenschaftlicher Erkenntnisse durch diese Autoren [im besten Fall] auf dem Niveau, das bei den [...] pädagogisch orientierten Neurobiologen vorhanden ist, im schlechtesten Fall unterscheidet sie sich nicht von den «Ratgeberbüchern».“ (S. 124)

Unabhängig von dem jeweiligen Bereich, in dem die Auseinandersetzung mit den Erkenntnissen der Hirnforschung erfolgt, lassen sich bei der Frage nach den Rahmenbedingungen, die aus neurowissenschaftlicher Sicht im schulischen Unterricht geschaffen werden sollten, einige inhaltliche Überschneidungen finden. Ausgehend von den bereits skizzierten Befunden über die wesentlichen Einflussfaktoren auf Lernen und Lernerfolg soll im nächsten Abschnitt dargestellt werden, auf welchen gemeinsamen Nenner sich die Empfehlungen der Vertreter bringen lassen und welche Erwartungen mit der Rezeption neurowissenschaftlicher Aussagen verbunden sind.

5.1 Empfehlungen für die Unterrichtspraxis

Grundsätzlich werden Lehrkräfte aus neurobiologischer Perspektive in der Verantwortung gesehen, eine positive Lernatmosphäre im Unterricht herzustellen: Zwecks Aktivierung des internen dopaminergen Belohnungssystems, um Fakten leichter lernen und abspeichern zu können (Scheich, 2003), sollen Interesse und Motivation der Schüler geweckt werden. Neugier könne nach Herrmann (2009) beispielsweise durch die Faktoren „überraschende Neuigkeit" oder „unerwartetes Ereignis" erzeugt werden. Motivation werde hingegen durch das Schaffen von Erfolgserlebnissen durch das Anbieten zu bewältigender Aufgabenstellungen begünstigt, während Misserfolge Motivationsverlust hervorrufen könne.

Mit der Forderung nach einer positiv wahrgenommenen Lernumgebung geht einher, dass (Versagens-) Angst und psychischer Druck im Unterricht vermieden werden sollten, da andernfalls die Aktivierung der Amygdala die erwünschten Gehirnleistungen blockiere bzw. abschwäche. Zudem könnten, falls eine neue Information negativ bewertet würde, keine „neuromodulatorisch gestützten zellulären Prozesse angestoßen werden, die Lernen ermöglichen. Wenn jemand etwas lernen soll, muss ihm ermöglicht werden, mit dieser Anforderung positive Bewertungen zu verbinden" (Herrmann 2009, S. 14). Hingegen sei das Erzeugen von leichtem, anregendem Stress, durch den die Schüler Lernen als positive Anstrengung wahrnähmen und hierdurch besser lernen könnten, durchaus erstrebenswert (Roth, 2004).

Die bedeutende Rolle von Emotionen bei Lernprozessen steht im Zusammenhang mit der Vorstellung des Gehirns als einem „soziales Organ" (Bauer, 2009; Keysers, 2013). Dahinter steht die Annahme, dass das Gehirn auf Kooperation und positive Beziehungen zu anderen Menschen ausgerichtet ist, weswegen Lernprozesse immer auch in einem Beziehungskontext - im schulischen Kontext in der vertrauensvollen Beziehung zwischen Schüler und Lehrperson sowie zwischen Schüler und Mitschülern - gesehen werden sollten.

Gedächtnis im Sinne von verfügbarem Vorwissen wird als wesentliche Voraussetzung für das Lernen neuer Inhalte betrachtet, da eine (hohe) Anschlussfähigkeit an bereits vorhandenes Wissen mit einer besseren Gedächtnisleistung korreliert. Aus diesem Grund wird einerseits gefordert, dass der Unterricht auf bereits Gelerntem aufbauen und zudem idealerweise auf die Lebenswelt der Kinder Bezug nehmen muss (Roth, 2006). Daneben wird häufig nach einem fächerübergreifenden Unterricht verlangt, der als eine weitere Möglichkeit zur leichteren Integration neuer Gedächtnisinhalte gesehen wird.

Statt bloße Fakten auswendig zu lernen wird empfohlen, dass sich Schüler selbstständig mit Lerninhalten sowie mit dabei gegebenenfalls aufkommenden Problemen auseinandersetzen sollen, um dadurch ein tiefer gehendes Verständnis zu entwickeln und rein assoziatives Lernen zu vermeiden: Denn „[...] nichts im Hirn kann sich weiterentwickeln und zunehmend komplexer werden, wenn es keine neuen Aufgaben zu lösen, keine neuen Anforderungen zu bewältigen gibt" (Hüther, 2016, S. 25). Wichtig für die Speicherung einer Information im Langzeitgedächtnis seien darüber hinaus Übungs- und Wiederholungsphasen, um die neuronalen Netze durch häufigen Gebrauch zu stabilisieren (Herrmann, 2009; Roth, 2015).

Das neurobiologische Wissen über Konsolidierungsprozesse (Wiederholungen, Rolle des Schlafs) muss weiterhin zu der Konsequenz führen, dass neu dargebotene Inhalte erst dann abgefragt werden dürfen, nachdem die Grundvoraussetzungen für eine erfolgreiche Abspeicherung erfüllt worden seien. Konsolidierungsvorgänge vollziehen sich nach Egle (2017) zudem in Abhängigkeit von der Komplexität und vom Schwierigkeitsgrad des zu lernenden Stoffes, vom individuell vorhandenen Vorwissen, von der subjektiven Bedeutsamkeit, vom Interesse an der jeweiligen Thematik sowie von der neuronalen Reife und damit vom Alter der Lernenden. Folglich muss die Lehrkraft dafür Sorge tragen, dass auch in diesen Bereichen die entsprechenden Rahmenbedingungen geschaffen werden bzw. die Voraussetzungen erfüllt sind (Egle, 2017).

Zusammengefasst geht es bei den aus den neurobiologischen Befunden gezogenen Schlussfolgerungen für die pädagogische Unterrichtspraxis insbesondere um die Bedeutung früher sozialer Bindungen, positiver Interaktionen, eines anregenden und „sicheren" Lernumfelds sowie um die Anschlussfähigkeit des Lernstoffs und die darüber hinaus zu schaffenden Bedingungen für dessen erfolgreiche Abspeicherung.

Die genannten Faktoren werden ebenfalls seitens der pädagogisch-psychologischen Forschung als entwicklungs- und lernförderlich beschrieben; so zeigt beispielsweise die Hattie-Studie, dass die Lehrer-Schüler-Beziehung sowie Peergroup-Einflüsse für die Lernleistung von zentraler Bedeutung sind (Hattie 2009; 2013). Damit stellt sich zunächst die Frage nach dem Neuigkeitswert der aus neurobiologischer Sicht ausgesprochenen Empfehlungen. Zudem ergeben sich weitere Diskussionspunkte wie die grundsätzliche Frage nach der Übertragbarkeit von Labor-Befunden auf schulische Lernsituationen und – hiermit verbunden - nach der Ableitbarkeit konkreter Optimierungspraktiken für pädagogisches Handeln. Diese und weitere Fragestellungen soll der folgende Abschnitt beleuchten, in welchem die wichtigsten Argumente gegen die aus den Befunden der Hirnforschung abgeleiteten Forderungen dargestellt werden.

5.2 Kritikpunkte an der Neurodidaktik

5.2.1 Problem der Übertragbarkeit

> Was die kognitiven Neurowissenschaften bisher über das Lernen im menschlichen
> Gehirn zu sagen wissen, bezieht sich auf vergleichsweise einfache Lernvorgänge.
> Mithilfe der sogenannten bildgebenden Verfahren, wie beispielsweise der funktionel-
> len Magnetresonanztomografie (fMRT), lässt sich zwar ermitteln, wie sich die Hirn-
> aktivierung von ProbandInnen beim Lösen einfacher Aufgaben verändert, doch mit
> schulischen Lern- oder gar Bildungsprozessen haben solche Studien nichts zu tun
> (Becker 2007, S. 23).

Grundsätzlich muss bei der Interpretation neurowissenschaftlicher Lern-
Forschung berücksichtigt werden, dass hier in der Regel einzelne kognitive Prozesse unter streng kontrollierten Laborbedingungen untersucht werden. Somit
schränkt sich die Verallgemeinerung und Übertragbarkeit der Erkenntnisse auf
die Unterrichtssituation im Klassenraum zum Teil beträchtlich ein, da bedeutende
Einflussfaktoren wie die Schülermotivation oder die sozialen Beziehungen nicht
mit einbezogen werden können (vgl. auch Grewe 2010; Gyseler, 2006). Selbst
wenn beispielsweise zahlreiche Studien darauf hinweisen, dass sich das emotionale Erregungsniveau positiv auf die Lern- und Gedächtnisleistung auswirkt,
müsse nach Westerhoff (2008) beachtet werden, dass in solchen Experimenten
mehrheitlich Wortlisten oder sinnlose Silben verwendet werden, sodass sich die
daraus gewonnenen Erkenntnisse nicht zwangsläufig auf das wesentlich komple-
xere Lernen im Unterricht übertragen lassen.[20]

In diesem Zusammenhang wird häufig auch die Aussagekraft bildgebender Verfahren hinterfragt, die aufgrund ihrer geringen zeitlichen bzw. räumlichen Auflösung bislang keinen umfassenden Einblick in die neuronalen Mechanismen geben
können, sondern lediglich erkennen lassen, *dass* Neuronen aktiv sind (Ziemke,
2008). Wie genau diese jedoch Informationen untereinander austauschen oder
bestimmte Dinge bewerten, kann nach heutigem Stand nicht beobachtet werden.

Neben der angenommenen Nicht-Vergleichbarkeit von Laborexperiment und Unterrichtssituation bemängeln Kritiker eine Reduzierung von Lernen – auch Hirnforscher selbst sprechen in diesem Zusammenhang von einem notwendigen „Re-

---

[20] Hier wäre zu überlegen, ob in neurowissenschaftlichen Untersuchungen nicht besser unter-
richtsrelevantes Material (z. B. englische Vokabeln) eingesetzt werden sollte.

duktionismus" (Singer, 2003, S. 67) – auf biologische Prozesse. „Hierbei ist [...] zu fragen, ob die hiermit verbundene Aufsplitterung in Teilaspekte [...] zum Verständnis komplexerer Sachverhalte wie Lernen wirklich beitragen kann" (Göhlich, Wulf, & Zirfas, 2014, S. 12). Eine rein neurobiologische Sichtweise psychischer Phänomene birgt zudem die Gefahr, jede menschliche Regung oder Emotion auf Neuronenaktivitäten zurückzuführen, was nach Ayan (2017) beispielsweise dann bedenklich werden könne, wenn auf vermeintlich wirkungsvolle Methoden ihrer Beeinflussung gesetzt werde: „So entstehen Märkte für „Vertrauenssprays", die das Hormon Oxytozin enthalten, oder für Pillen mit gedächtnisfördernder Wirkung. Ob diese freilich mehr nützen als das klassische Miteinanderreden oder gute Lerntechniken, bleibt fraglich" (Ayan, 2017, S. 185).

Ein weiterer Kritikpunkt bezieht sich auf die Gefahr, im blinden Vertrauen auf Befunde der Hirnforschung die individuellen Unterschiede zwischen menschlichen Gehirnen zu vernachlässigen (Stern, 2015; Madeja, 2016). So liefern neurowissenschaftliche Befunde Aussagen zu Mittelwerten und Wahrscheinlichkeiten, die für das einzelne Kind falsch sein könnten. Im Sinne des Inklusionsgedankens obliegt Lehrkräften jedoch die Aufgabe, gerade auch das von der Norm abweichende Kind mitzunehmen und bestmöglich zu fördern. Selbst wenn es mittlerweile zum Teil möglich ist, geistigen Zuständen spezifische Hirnzustände zuzuordnen, sind solche Zuordnungen aufgrund der Individualität des einzelnen Gehirns - bedingt durch seine ganz eigene Lerngeschichte - nicht immer unbedingt eindeutig.

5.2.2 Problem der Ableitbarkeit pädagogischer Praktiken

Die Kernaussage der Neurodidaktik lautet: Wer die Gesetze des Lernens kennt, kann daraus Gesetze des Lehrens ableiten. Hiermit wird der Anschein erweckt, als seien die Empfehlungen der Neurowissenschaftler logische Schlussfolgerungen aus den ihnen vorliegenden Erkenntnissen über Lernen. Eine Schwierigkeit bei dem Versuch didaktische Schlussfolgerungen aus neurobiologischem Wissen zu ziehen, sehen Kritiker u.a. darin, dass die Neurowissenschaften bislang lediglich Erkenntnisse über *Lernen* bereitstellen können, während *Lehre* in der bisherigen neurobiologischen Forschung keine Rolle spiele (Goswami, 2004). „Wie Lernen im Gehirn abläuft ist eine grundsätzlich andere Frage als die, wie sich bestimmte Lernergebnisse durch instruktive Anleitung („Unterricht") erzielen lassen" (Herrmann 2009, S. 10).

Da die Erkenntnisse der Hirnforschung über Lernvorgänge weitgehend deskriptiver Natur seien, erschwere dies nach Grewe (2010) eine Integration der Befunde in die Unterrichtsforschung. Aus deskriptiven Aussagen über Ergebnisse zu Lernen würden nicht nur präskriptive Aussagen über Lernen abgeleitet, sondern zugleich Vorstellungen darüber, wie die entsprechende Lehre aussehen sollte, damit Lernen überhaupt in der erwünschten Weise möglich sei:

> Neben einem Sollzustand werden demnach auch Aussagen über die *einzusetzenden Mittel* getroffen - und eben jene Mittel kommen im ursprünglichen Befund gar nicht vor. Es liegt daher nahe, von einem *pädagogischen Fehlschluss* zu sprechen: Das spezifisch Pädagogische besteht darin, dass zur Erreichung bestimmter Ziele bestimmte (didaktisch-methodische) Empfehlungen ausgesprochen werden, die sich aus den referierten Erkenntnissen nicht deduzieren lassen (Becker, 2006, S. 207).

Beispielsweise lässt sich aus neurowissenschaftlichen Untersuchungen über die Wirkung von Emotionen auf Behaltensleistungen zwar folgern, dass negativ empfundener Stress eine schlechte Voraussetzung zum Lernen bestimmter Inhalte ist, woraus sich konsequenterweise auch die Empfehlung einer Stressvermeidung ableiten ließe. Doch dieser Hinweis erklärt noch nicht, wie konkrete pädagogische Stress-Vermeidungsmaßnahmen aussehen sollten. Auch die hiermit in Zusammenhang stehende Forderung nach einer „positiven Lernatmosphäre" dürfte leichter formuliert als tatsächlich umzusetzen sein, zumal die gleiche Unterrichtssituation von einem Schüler als interessant (positiv) und von einem anderen als uninteressant (negativ) empfunden bzw. vom jeweiligen limbischen System unterschiedlich bewertet werden kann.

Diesbezüglich erfolgt häufig ein Verweis auf reformpädagogische Forderungen, die jedoch in aller Regel keinerlei Neuigkeitswert aufweisen – ein Kritikpunkt, der im folgenden Abschnitte beleuchtet werden soll.

5.2.3 Erkenntnisse und Empfehlungen ohne Neuigkeitswert

Die Lernpsychologin Elsbeth Stern (in Hanser & Ayan, 2011) ist der Ansicht, dass die neurowissenschaftlichen Kenntnisse über die Bedingungen des Lernens und Lehrens nicht über das bisherige Wissen der pädagogischen Forschung hinausgehen, sodass die Hirnforschung für rein didaktische Zwecke unbrauchbar sei.

Dass die (reform-) pädagogischen Empfehlungen in der Regel wenig Neuigkeitswert aufweisen, bekräftigen unter anderem auch die Erziehungswissenschaftlerin Nicole Becker (2006; 2014) sowie der Psychologe und Wissenschaftsjournalist Nikolas Westerhoff (2008). Herrmann (2008) bestätigt, dass man - auch ohne neurobiologisches Wissen über Lernen zu besitzen – „schon im 18. Jahrhundert recht schnell auf eine erfolgreiche Pädagogik der Selbsttätigkeit, der Selbstständigkeit und der Selbstwirksamkeit durch Förderung von Neugier und Wissbegierde [kam]" (S. 45), wenngleich heute anhand neurowissenschaftlicher Befunde immerhin belegt werden könne, warum die Pädagogen des 18. Jahrhunderts Recht gehabt hätten (ebd.).

Der Hirnforscher Gerhard Roth schließt sich dieser Haltung an: Ziel sei weniger die Ableitung neuer didaktischer Erkenntnisse aus neurowissenschaftlichen Forschungsergebnissen, sondern vielmehr, bereits bekannte didaktische Erkenntnisse neurowissenschaftlich zu untermauern. „Nichts von dem (...) ist einem guten Pädagogen inhaltlich neu. Der Fortschritt besteht vielmehr darin zu zeigen, warum das funktioniert, was ein guter Pädagoge tut, und das nicht, was ein schlechter tut" (Roth, 2004, S. 496).

5.3 Zwischenfazit

An dieser Stelle bleibt zunächst festzuhalten, dass die Befunde der Hirnforschung über Lern- und Gedächtnisvorgänge bisher wenig *zusätzlichen* Nutzen für die konkrete Lernsituation im Schulunterricht erbracht haben und somit sicher keine neue Pädagogik begründen können. Demnach ist es nicht verwunderlich, dass neurobiologische Erkenntnisse bislang keinen nennenswerten Einfluss auf Lehrmethoden, Curricula oder Bewertungen des deutschen Bildungssystems haben. So gelangen auch Hennen und Coenen (2012) zu der Schlussfolgerung,

> [...] dass trotz erheblicher Fortschritte im Verständnis der physiologischen Grundlagen von Gedächtnisleistungen und Lernvorgängen eine wesentliche Veränderung von Methodik und Didaktik durch die Neurowissenschaften bisher nicht zu verzeichnen ist. Aus den vorliegenden Erfahrungen ziehen Experten den Schluss, dass Lernpsychologie und Pädagogik nach wie vor insbesondere auf verhaltenswissenschaftliche Methoden und Erkenntnisse in der Forschung wie auch in der Lernpraxis angewiesen sein werden (Hennen & Coenen, S. 171).

Die Vorteile der publizierten Befunde der Neurowissenschaft sind vielmehr in der Bestätigung und biologischen Untermauerung pädagogischer Erkenntnisse, die sich ihrerseits auf ein Fundament zahlreicher evidenzbasierter sozialwissenschaftlicher Ergebnisse stützen, zu sehen. Möglicherweise tragen sie somit dazu bei, die eigene Rolle als Lehrkraft sowie die für gewöhnlich geschaffene Unterrichtskultur zu überdenken und die durch die Ergebnisse der Hirnforschung bestätigten Einflussfaktoren auf Lern- und Gedächtnisprozesse verstärkt in die Gestaltung des Unterrichts mit einzubeziehen. So sind z. B. durch entsprechende neurobiologische Befunde die bedeutenden Effekte der emotionalen Dimension des Lernens (wieder) in den Fokus der Betrachtungen gerückt. Durch die Bestätigung pädagogischer Erkenntnisse oder Annahmen kann zudem mehr Klarheit und Sicherheit als Lehrender erreicht werden. Zusammengefasst können die dargestellten Ergebnisse aus der Hirnforschung dazu beitragen, Lernvorgänge besser zu verstehen und hierdurch idealerweise auch nachhaltiger zu gestalten.

Um die dieser Masterarbeit zugrundeliegende Frage nach einem möglichen Nutzen neurowissenschaftlicher Erkenntnisse für die pädagogische Praxis noch umfassender beantworten zu können, sollen im Folgenden ausgewählte Bereiche mit einbezogen werden, die über die alltägliche Unterrichtsgestaltung hinausgehen.

5.4 Neurobiologische Befunde bei Lernstörungen

Der Versuch, neurowissenschaftliche Erkenntnisse für eine Optimierung der Schulpädagogik einzusetzen, wird derzeit insbesondere in der Erforschung des Erlernens von Lesen, Rechtschreiben und Rechnen sowie in der Untersuchung von Störungen in diesen Bereichen unternommen.[21]

5.4.1 Legasthenie

Mit einer Prävalenz um 5 % gehört die Lese-Rechtschreibstörung zu den häufigsten umschriebenen Entwicklungsstörungen schulischer Fertigkeiten. Als entwicklungsstabile Teilleistungsstörung beeinträchtigt sie nachhaltig die schulische, psychische und soziale Entwicklung von Kindern und Jugendlichen. Die zu den Ursachen der Lese-Rechtschreibstörung existierenden Theorien unterscheiden sich darin, welche kognitiven Defizite als wesentliche Ursachen für die schriftsprachlichen Schwierigkeiten auf der Verhaltensebene angenommen und welche biologischen Anomalien als diesen Defiziten zugrundeliegend vermutet werden (Steinbrink & Lachmann, 2014). Es ist davon auszugehen, dass eine Wechselwirkung zwischen genetischen Faktoren, abweichenden Hirnfunktionen und Einflüssen aus der Umwelt besteht, die zu unterschiedlichen Entwicklungszeitpunkten wirksam sind (Schulte-Körne, 2015).

Mithilfe der Positronenemissionstomographie und der Magnetresonanztomographie kann mittlerweile bildlich dargestellt werden, wie bestimmte Hirnareale bei

---

[21] Daneben konzentriert sich die neurobiologische Forschung auf Störungen der Aufmerksamkeit, die in ihrem Auftreten und ihren Auswirkungen ebenfalls speziell das schulische Lernen betreffen.

der Wahrnehmung und Verarbeitung von Buchstaben und Wörtern reagieren. So stellte ein Forscherteam von der Harvard Medical School in Boston (Raschle, Zuk & Gaab, 2012) fest, dass Kinder, die später eine Legasthenie entwickelten, strukturelle Besonderheiten in ihren Gehirnen aufwiesen: In der Studie untersuchten die Wissenschaftler 36 Kinder im Vorschulalter. Die eine Hälfte der Kinder stammte aus Familien, in denen es bereits mehrere Legastheniker gab, die andere aus diesbezüglich nicht vorbelasteten Familien. Den Kindern wurden jeweils ein Paar ähnlich klingende Wörter vorgespielt. Im Anschluss daran sollten sie entscheiden, ob beide Wörter mit einem ähnlichen Laut beginnen oder nicht. Während des Versuchs maßen die Wissenschaftler die Gehirnaktivität der Kinder mittels funktioneller Magnetresonanztomographie (fMRT). Bei Kindern mit einem familiären Risiko für eine Lese-Rechtschreibstörung (LRS) zeigten die gleichen Hirnregionen strukturelle Veränderungen und eine reduzierte Aktivität wie die Hirnareale legasthener Kinder und Erwachsener: Nachgewiesen werden konnte insbesondere eine Unteraktivierung in linksseitigen temporo-parietalen und occipito-temporalen Arealen. Die Gehirne der Kinder ohne legasthene Verwandte zeigten dagegen keine der genannten Auffälligkeiten.

Die Studie weist darauf hin, dass die Fähigkeit des Gehirns zum Verarbeiten von Sprachklängen bereits defizitär im Sinne veränderter neuronaler Aktivierungsmuster ist, bevor die Kinder Lesen und Schreiben lernen. Die Forscher gehen daher davon aus, dass sich die Unterschiede in der Verarbeitung von Sprache bereits in den ersten Lebensjahren entwickeln bzw. dass diese möglicherweise sogar angeboren sind.[22]

Auch eine Untersuchung von Hall (2005) zeigte mittels bildgebender Verfahren bei Kindern mit bereits diagnostizierter Lese-Rechtschreibstörung eine verminderte Aktivität in Hirnarealen, die typischerweise in einen Zusammenhang mit phonologischer Informationsverarbeitung gebracht werden. Dies bekräftigt die Annahme, dass Defizite in der phonologischen Informationsverarbeitung, die sich durch Schwierigkeiten bei der Wahrnehmung und Unterscheidung von Lauten und bei der Buchstaben-Laut-Zuordnung zeigen, ein Kernsymptom der Lese-

---

[22] Zudem lieferten die Hirnscans noch eine weitere Erkenntnis: Eine später bei Legasthenikern charakteristische überaktive Region im Vorderhirn reagierte bei allen untersuchten Kindern noch normal. Dem Forscherteam zufolge deutet dies darauf hin, dass jener Gehirnbereich erst mit Beginn des Lesenlernens versuche, die Defizite in den Leseschaltkreisen von Legasthenikern teilweise auszugleichen (ebd.).

Rechtschreibstörung darstellen, was auch durch zahlreiche Verhaltensstudien bestätigt werden konnte (z. B. Ramus, Rosen, Dakin, Day, Castellote & White, 2003; Schnitzler, 2008). In diesem Bereich eingesetzt könnte Hirnforschung somit eine Frühdiagnose ermöglichen bzw. unterstützen und hierdurch eine frühere Intervention – idealerweise sogar eine Beseitigung der Störung noch vor Schuleintritt – gewährleisten.[23]

Eine weitere aktuelle Studie untersuchte die Entwicklung der weißen Substanz im Gehirn von Kindern im Vorschulalter bis zu einem Alter, in dem der Großteil bereits gut lesen konnte. Dabei entdeckten die Forscher bei Kindern mit späteren Leseschwierigkeiten eine bereits vor dem typischen Lesealter abweichende Lateralisierung des Fasciculus arcuatus, der Nervenverbindung zwischen zwei zentralen Sprachzentren des Gehirns: dem Wernicke-Areal und dem Broca-Areal (Wang, Mauer, Raney, Peysakhovich, Becker, Sliva & Gaab, 2016). Auch das Ergebnis einer früheren Studie hatte bereits darauf hingewiesen, dass diese Verbindung bei Kindern, die später eine Lesestörung entwickelten, schon im Kindergartenalter eine geringere Linksasymmetrie aufwies als bei Kindern, die keine Leseprobleme zeigten. Im Verlauf des Lesenlernens entwickelte sich die weiße Substanz bei Kindern ohne Leseschwierigkeiten schneller als bei lese-rechtschreibgestörten Kindern (Langer, Peysakhovich, Zuk, Drottar, Sliva, Smith, Becker, Grant & Gaab, 2015). Zudem fanden die Forscher noch eine weitere Auffälligkeit im Gehirn der Probanden, die ihre Lesefähigkeiten trotz vorhandener Lesestörung im Laufe der Zeit verbessern konnten: Statt einer typischen linksseitigen Asymmetrie zeigte sich bei diesen Kindern eine starke rechtsseitige Zunahme an weißer Masse, was auf einen Kompensationsmechanismus hinweist (ebd.).

Die Studienergebnisse unterstützen zwei Hypothesen zur Entstehung einer Lesestörung, der demnach entweder phonologische Defizite (s.o.) zugrunde liegen oder aber orthographische Defizite, indem beispielsweise zwar einzelne Buchstaben unterschieden werden, diese beim Lesen jedoch nicht problemlos zu einem sinnvollen Wort verbunden und als solches verarbeitet werden können (Vandermosten, Hoeft & Norton, 2016).

---

[23] Trainingsstudien belegen, dass ein phonologisches Training bei Kindern mit Leseschwierigkeiten zu einer Verbesserung der Lesegenauigkeit (weniger der Lesegeschwindigkeit) führt (Eden & Moats, 2002).

Bislang wird eine Legasthenie mithilfe gängiger Diagnoseverfahren, die sich ausschließlich auf schriftliche und anderen sprachbasierte Tests stützen, in der Regel erst dann erkannt, wenn die Schwierigkeiten beim Erlernen des Lesens und Schreibens offensichtlich geworden und überdauernd sind (etwa ab Ende der 2. Klasse, häufig noch später). Für die betroffenen Kinder bedeutet das häufig eine große Frustration, bedingt durch jahrelang erlebten schulischen Misserfolg. Um dies zu vermeiden und möglichst frühzeitig unterstützende Fördermaßnahmen einsetzen zu können, entwickelt u.a. das Max-Planck-Institut für Kognitions- und Neurowissenschaften in Leipzig in Zusammenarbeit mit dem Fraunhofer-Institut für Zelltherapie und Immunologie seit 2012 einen Frühtest zur Diagnose der Lese-Rechtschreib-Störung (Forschungsprojekt LEGASCREEN), der anhand von Hirnaktivität und Genanalysen *mit einer nach eigenen Angaben* mehr als 90 Prozent Exaktheit vorhersagen kann, ob ein Kind von dieser Störung betroffen sein wird.[24] Der Test soll bereits im Kindergartenalter eingesetzt werden, in dem sich das Kind in einer Entwicklungsphase befindet, in der das Gehirn sehr plastisch ist und in der sich das Sprachnetzwerk im Gehirn erst richtig zu formieren beginnt, sodass gezielt angesetzte Frühförderung in dieser Phase entscheidend für den weiteren Verlauf bzw. für den zukünftigen Ausprägungsgrad der Teilleistungsstörung sein kann.

Auch weitere Studien legen nahe, dass die Vorhersage einer Lese- oder bzw. und Rechtschreibstörung auf Grundlage von bildgebenden Verfahren denkbar ist (z. B. Hoeft, McCandliss, Black, Gantman, Zakerani & Hulme, 2011; Bach, Richardson, Brandeis, Martin & Brem, 2013). In einem Übersichtsartikel aus dem Jahre 2016

---

[24] Die Auffälligkeiten im Gehirn legasthener Kinder beziehen sich nach Brauer (2017), Neurowissenschaftler am Max-Planck-Institut für Kognitions- und Neurowissenschaften in Leipzig, auf Veränderungen in der Großhirnrinde: Demnach ist diese insbesondere in einer bestimmten Region in der linken Hemisphäre etwas dünner, zum anderen sind die Faserverbindungen zwischen den zentralen Spracharealen schwächer ausgeprägt, die als eine Art Datenautobahn die Informationen zwischen jenen Hirnbereichen transportieren. Diese Veränderungen lassen sich unter anderem mittels Elektroenzephalografie (EEG) erkennen. Hierbei werden die Hirnströme des Kindes abgeleitet, während es eine Reihe von gleichen Silben oder Tönen zuhört, die sporadisch durch einen abweichenden Laut unterbrochen werden. Bei Kindern, die Schwierigkeiten haben, diese Unregelmäßigkeiten zu erkennen, bleiben die typischen Ausschläge im EEG aus, was als wichtiges Indiz für eine drohende Lese-Rechtschreibstörung gewertet wird. Da die ausschließliche Prognose anhand des EEG jedoch nicht aussagekräftig genug ist, untersuchen die Forscher als zweiten Teil des Frühtests mithilfe eines Speicheltests spezifische Gene, die im Erbgut von Legasthenikern gehäuft auftreten. Je mehr dieser Genvarianten bei einem Kind gefunden werden, desto höher ist bei ihm die Gefahr, von einer Lese-Rechtschreibstörung betroffen zu sein. (Bis der Test eingesetzt werden kann, müssen beide Einzelverfahren jedoch noch verfeinert und in einer unabhängigen Stichprobe überprüft werden.)

merkt eine US-Forschergruppe um Nadine Gaab jedoch an, dass Abweichungen, die im MRT feststellbar sind, bislang noch nicht als zuverlässige Biomarker zur Frühdiagnose von Lesestörungen geeignet seien (Ozernov-Palchik, Yu, Wang & Gaab, 2016).

Wenngleich pädagogische Tests gegenüber bildgebender Verfahren den Vorteil der leichteren Durchführbarkeit (mit Bleistift und Papier) haben und auch deshalb voraussichtlich noch längere Zeit Standard in der Diagnose und Verlaufsprognose von Legasthenie bleiben dürften, liegt der Vorteil einer neurowissenschaftlich basierten „Voruntersuchung" bei familiär vorbelasteten oder beispielsweise durch Vorläuferfertigkeiten-Tests als Risikokinder eingestuften Kindern dennoch auf der Hand: Die Erfassung eines Großteils der (später) Betroffenen noch vor Schuleintritt, also bevor sich die Teilleistungsstörung auf der Verhaltensebene zeigt, würde einen gezielten Einsatz von Förder- und Therapiemaßnahmen ermöglichen, sodass idealerweise in dieser sensiblen Phase der Hirnentwicklung Defizite kompensiert werden könnten.

5.4.2 Dyskalkulie

Die Störung des Rechenerwerbs wird wie die Lese-Rechtschreib-Störung den umschriebenen Entwicklungsstörungen schulischer Fertigkeiten zugeordnet (ICD-10). Schätzungen zufolge leiden zwischen 3 und 8,4% der Gesamtbevölkerung – betroffen sind etwa gleich viele Jungen wie Mädchen - unter Dyskalkulie, sodass die Vorkommenshäufigkeit mit jener der LRS vergleichbar ist (Landerl, 2012). Allerdings ist die wissenschaftliche Untersuchung des Rechnens und der Zahlenverarbeitung verglichen mit der Lese-Rechtschreib-Forschung erst in den vergangenen Jahren stärker in den Focus gerückt. Dies gilt nicht nur für behaviorale Studien zur typischen Entwicklung des Rechnens, sondern auch für die Erforschung der Dyskalkulie sowie für entsprechende bildgebende Studien.

Inzwischen spielen bildgebende Verfahren, die auf zerebrale Defizite in spezifischen Bereichen hinweisen, in der Erforschung der Rechenstörung jedoch zunehmend eine Rolle. Unterschiede zwischen dyskalkulischen und nicht-dyskalkulischen Kindern wurden bislang in der Hirnfunktion sowie in der anatomischen Gehirn-Struktur, im neuronalen Metabolismus und in neuronalen zeitlichen Verarbeitungsprozessen gefunden (von Aster & Lorenz, 2013). So verglichen Magnetresonanz-Studien das Volumen der grauen Hirnsubstanz von Kindern mit Dyskalkulie mit dem Volumen der grauen Hirnmasse nicht-dyskalkulischer Kinder (*Rotzer*, *Kucian*, Martin, von Aster, Klaver, & Loenneker, *2008*; Rykhlevskaia,

Uddin, Kondos & Menon, 2009). Bei Kindern mit Rechenstörung zeigte sich ein vermindertes Volumen an grauer Hirnmasse in unterschiedlichen Arealen. Rotzer et al. (2008) beobachteten eine Reduktion der grauen Substanz im rechten intraparietalen Sulcus (IPS) sowie im frontalen Kortex. Rykhlevskaia et al. (2009) fanden neben weiteren Gebieten ebenfalls vermindertes Volumen in der parietalen Hirnrinde sowie zudem mikrostrukturelle Abweichungen in der weißen Hirnmasse im Bereich des rechten temporo—parietalen Kortex. Auch die Befunde weiterer Studien liefern einen Hinweis darauf, dass der IPS bei Rechenvorgängen eine zentrale Rolle spielt. So konnten mittels transkranieller Magnetstimulation (TMS) im linken IPS bei Versuchspersonen ohne Dyskalkulie erhebliche Rechenschwierigkeiten erzeugt werden (Cohen-Kadosh et al., 2007). Zudem wiesen Dehaene, Piazza, Pinel & Cohen (2003) in einer Metaanalyse nach, dass der IPS eine bedeutsame Rolle bei der neuronalen Repräsentation von Zahlen spielt.

Daneben zeigt eine aktuelle Studie, dass unterschiedliche mathematische Fähigkeiten mit Aktivierungen im linken perisylvischen Kortex korrelieren - einem Hirnareal, das unter anderem für das Benennen von mathematischen Symbolen sowie Ziffern von Bedeutung ist. Demzufolge wirkt sich ein spezielles Mathetraining bei Kindern auf die Nervenzellverknüpfungen in diesem Bereich aus – und zwar in Abhängigkeit davon, wie stark diese ihre mathematischen Fähigkeiten verbessern konnten (Jolles, Wassermann, Chokhani, Richardson, Tenison, Bammer, Fuchs, Supekar & Menon, 2016).

Gezielte Fördermaßnahmen gehen jedoch nicht zwangsläufig mit einer Zunahme der Gehirnaktivität in den typischerweise betroffenen Arealen einher. Stattdessen können diese bei einzelnen Kindern sehr unterschiedliche Effekte erzielen. Nach Kucian (2014) kann dies u.a. darauf zurückgeführt werden, dass Dyskalkulie sowohl auf Verhaltensebene wie auch auf neuronaler Ebene ein äußerst heterogenes Erscheinungsbild zeigt. Einer Studie des Forscherteams um Supekar (2013) zufolge entscheiden über den Erfolg einer Trainingsmaßnahme insbesondere diejenigen Hirnregionen, die für das Lernen und das Arbeitsgedächtnis allgemein relevant sind. Neben diesem (unerwarteten) Befund zeigt die genannte Studie, dass der Erfolg einer Förderung durch neuronale Messungen möglicherweise vorab prognostiziert werden kann: Die Forscher untersuchten rechenschwache Kinder vor und nach einem achtwöchigen Mathematik-Intensivtraining. Wie erwartet zeigten diese Kinder deutlich höhere Leistungszuwächse als die Kontrollgruppe ohne Fördermaßnahme. Diese Zuwächse ließen sich jedoch weder durch den zuvor bestimmten Intelligenzquotienten oder das Arbeitsgedächtnis noch durch ihr mathematisches Vorwissen vorhersagen. Stattdessen entdeckten die Forscher einen Zusammenhang zwischen dem Volumen des Hippocampus sowie seiner Vernetzung mit anderen Gehirnarealen und dem späteren Trainingserfolg: Kinder mit mehr grauer Substanz im Hippocampus wiesen höhere Leistungszuwächse im Bereich der Problemlösefähigkeit auf. Größere Lernfortschritte zeigten zudem Kinder mit einer starken Vernetzung dieses Hirnareals mit anderen Bereichen der Hirnrinde, die für das Rechnen und Verarbeiten von Zahlen wichtig erscheinen. Der Befund ist auch deshalb interessant, da dem Hippocampus bislang zwar eine bedeutende Rolle für die Gedächtnisbildung zugesprochen wurde (siehe Kapitel 2.3.3 dieser Arbeit), er jedoch nicht als Region angenommen wurde, die für mathematische Fähigkeiten ausschlaggebend ist. Diese Studie hebt die Bedeutung hirnphysiologischer Variablen in der Dyskalkulie- und Rechenschwächeforschung hervor, indem sie Hinweise auf die Frage liefert, warum manche Kinder trotz gleicher Intelligenz weniger als andere von der eingesetzten Fördermaßnahme profitieren. Idealerweise könnte für diese Kinder somit im Vorfeld nach vermutlich wirkungsvolleren Förderarten gesucht werden.

Die skizzierten Befunde der bildgebenden Verfahren im Dyskalkulie-Forschungsbereich weisen darauf hin, dass zerebrale Defizite in spezifischen Regionen das Erlernen mathematischer Inhalte erschweren und somit zur Entstehung einer Rechenstörung beitragen können. Ob solche Verfahren prädiktive Aussagen machen können und inwieweit es sinnvoll wäre sie als Instrument in der Früh-Diagnostik einzusetzen, bedarf jedoch weiterer Untersuchungen.

In Hinblick auf die Erforschung der Zahlenverarbeitung bei Kindern sei ein Beispiel für die Konkretisierung von Hypothesen durch neurowissenschaftliche Erkenntnisse genannt, das Implikationen für die pädagogische Praxis haben könnte: Sowohl Verhaltensstudien als auch bildgebende Studien weisen auf einen funktionellen Zusammenhang zwischen Fingerzählen und Rechnen hin (Kaufmann, 2008). Bislang ist allerdings ungeklärt, ob es sich dabei – wie von einem Großteil der neurokognitiven Forscher vermutet - eher um einen förderlichen Zusammenhang handelt oder ob – wie häufig von Lehrern angenommen - das Fingerzählen die Abstrahierung von konkreten Mengen zu abstrakten Zahlen vielmehr behindere.[25] Ebenfalls ist noch strittig, welchen Aspekten des Fingerzählens (Eins-zu-Eins-Korrespondenz zwischen Fingern und Mengen, ferner somatosensorische

---

[25] Für eine Zusammenfassung dieses Diskurses siehe Moeller & Nuerk (2012)

Wahrnehmung, Symbolcharakter von Fingerkonfigurationen) dabei die zentralste Rolle zukommt. In einer Bildgebungsstudie aus dem NIL-Programm wurde neben dem postzentralen Sulcus ein ganzes Netzwerk von Arealen gefunden, welches spezifische Finger-relatierte Aktivierung sowie spezifische Aktivierung für nicht-symbolische, exakte Addition aufwies (Krinzinger et al., 2011). Besonders bedeutsam ist nach Stubenrauch (2014) die spezifisch Finger-relatierte Aktivierung in einem ventralen, prämotorischen Areal, das lediglich bei einer Größenvergleichsaufgabe mit kleinen Punktmengen (nicht aber bei Rechenaufgaben oder beim Größenvergleich von Zahlen) aktiviert war. Da die Reaktionszeiten der Kinder für Zählstrategien zu schnell erschienen und sich die Hände der Kinder durch das Tastendrücken genauso wenig bewegten wie bei den übrigen Aufgaben, nehmen die Forscher an, dass die symbolhafte Verarbeitung von Fingerkonfigurationen möglicherweise das verbindende Element zwischen der unpräzisen Verarbeitung von Punktmengen und der exakten Verarbeitung von Mengen wie beispielsweise auch bei arabischen Zahlen darstellen könnte (Krinzinger et al., 2011). Zukünftig könnten weitere neurobiologische Befunde zur Rolle der Finger für den Rechenerwerb darlegen, ob diesbezüglich ein Änderungsbedarf in der Förder- und gegebenenfalls auch in der Unterrichtspraxis besteht.

5.4.3 Zum Nutzen für die Pädagogik

Ausgehend von den dargestellten neurowissenschaftlichen Befunden stellt sich die Frage, inwieweit sich daraus ein pädagogischer Nutzen ergeben könnte. Die grundsätzliche Bedeutung der neurowissenschaftlichen Forschung für die schulische Unterrichtspraxis von Kindern mit Lernstörungen ist bislang noch unklar. Möglicherweise kann die Einbeziehung neurobiologischer Befunde in die Didaktik jedoch von Bedeutung sein, z. B. bei der Entwicklung spezifischer Förderkonzepte (s.o.: neurowissenschaftliche Studien zur Rolle des Fingerzählens beim Rechnen, die Therapieempfehlungen zumindest für eine Subgruppe dyskalkulischer Kinder zum Ziel haben). Auch wenn die bisherigen neurowissenschaftlichen Erkenntnisse über Lernstörungen noch nicht ausreichen, um hieraus „maßgeschneiderte" Fördermaßnahmen ableiten zu können, besteht Hoffnung, dass weiterführende Studien darlegen werden, wie eine gezielte und wirksame Förderung in absehbarer Zeit aussehen kann.

Idealerweise kann Hirnforschung zudem dazu beitragen, Lernstörungen zukünftig so früh feststellen zu können, dass betroffene Kinder ihre Defizite noch vor Schulbeginn mithilfe von Frühförderungsmaßnahmen kompensieren können.

Bislang besteht die Bedeutung neurowissenschaftlicher Befunde jedoch insbesondere darin, dass sie zusätzliche Beiträge zu einem besseren Verständnis von Lernstörungen liefern (indem sich neurokognitive Zusammenhänge genauer identifizieren lassen) und somit die Entwicklung geeigneter Interventionsmaßnahmen unterstützen können. Nach Schulte-Körne (2015) hat die neurobiologische Forschung darüber hinaus zu einem bedeutenden Erkenntnisgewinn beigetragen, indem sich diverse Faktoren, die lange Zeit als mögliche Verursacher einer Legasthenie erörtert wurden (z. B. Linkshändigkeit oder Sauerstoffmangel bei der Geburt), als unspezifisch erwiesen und somit an Bedeutung als Ursachenfaktoren verloren haben.

6 Schlussfolgerungen und Ausblick

Wie in der vorliegenden Arbeit dargestellt wurde, liefern Neurowissenschaften neue Aufschlüsse über die Funktionsweise des Gehirns. Die Erkenntnisse über Lern- und Gedächtnisprozesse auf zellulärer Ebene reichen jedoch nicht aus bzw. sind wenig geeignet, um daraus direkt konkrete Anleitungen für ein erfolgreiches (schulisches) Lernen und Lehren abzuleiten. Aus dieser Feststellung darf jedoch keinesfalls geschlussfolgert werden, dass Befunde der Hirnforschung grundsätzlich irrelevant für die Pädagogik seien. Zunächst einmal hat die Auseinandersetzung mit Neuro-Wissen ein beachtliches Diskussionspotenzial auch innerhalb der pädagogischen Fachöffentlichkeit entfaltet, das u.a. die Frage nach der Gestaltung lernförderlicher Bedingungen sowie die verantwortungsvolle Rolle der Lehrkraft als zentrale Bezugsperson der Schüler in den Fokus gerückt hat. In diesem Zusammenhang haben neurowissenschaftliche Erkenntnisse insbesondere die Bedeutung von Emotionen in Hinblick auf den Lernprozess herausgehoben. Erkenntnisse der Hirnforschung können somit durchaus zu einem lernförderlichen Unterricht beitragen, indem sie einerseits Annahmen, die bereits aus pädagogisch-psychologischer Erfahrung bekannt sind, bestätigen und ihnen auf diese Weise eine neue Wichtigkeit verleihen, und darüber hinaus zur Selbstreflektion über Lehrerverhalten und Interaktionsstil anregen können.

Neben ihrer Untermauerung pädagogisch-psychologischer Erkenntnisse haben einzelne neurobiologische Befunde der (Schul-) Pädagogik zum Teil auch völlig neue Impulse geben können; erwähnenswert sind hier beispielsweise die Vorstellung von einer Plastizität des Gehirns oder das Wissen um die Bedeutung des Schlafs für die Gedächtniskonsolidierung.

Mögliche Ansätze für interdisziplinäre Fragestellungen sind darüber hinaus u.a. in der Untersuchung von Lernstörungen zu finden. So haben neurobiologisch begründbare Ursachen von Teilleistungsstörungen wie Legasthenie und Dyskalkulie durch Erkenntnisse aus der Hirnforschung deutlich an Bedeutung gewonnen. Die Relevanz bildgebender Verfahren für den Bereich der Lernstörungen zeigt sich zudem in der Hoffnung, in absehbarer Zeit neurowissenschaftlich basierte Tests zur Feststellung von Teilleistungsstörungen noch *vor* der Einschulung der betroffenen Kinder einsetzen zu können und somit idealerweise Defizite mithilfe des gezielten Einsatzes von Frühförderungsmaßnahmen zu kompensieren.

Zusammengefasst sind es somit weniger neuartige Lern- und Lehrmethoden, die in Zukunft von einer interdisziplinären Zusammenarbeit zwischen Neurowissenschaften und (Schul-) Pädagogik zu erwarten sind. Dagegen ermöglichen Befunde der Hirnforschung bereits heute ein besseres Verständnis von kognitiven Mechanismen, die Lernprozessen und –störungen zugrunde liegen, womit sie einen wichtigen Beitrag insbesondere zur Frühdiagnostik und Prävention von Lernstörungen leisten können.

Literaturverzeichnis

Alvermann, D.E., Smith, L.C. & Readence, J.E. (1985). Prior knowledge activation and the comprehension of compatible and incompatible text. *Reading Research Quarterly, 20*(4), 420–436.

Aster, M. von & Lorenz, J. (Hrsg.) (2013). *Rechenstörungen bei Kindern. Neurowissenschaft, Psychologie, Pädagogik.* Göttingen: Vandenhoeck & Ruprecht.

Atkinson, R.C. & Shiffrin, R.M. (1968). Human memory: A proposed system and its control processes. In K.W. Spence (Ed.), *The psychology of learning and motivation: advances in research and theory* (Vol. 2, pp. 89-195). New York: Academic Press.

Ausubel, D.P (1974). *Psychologie des Unterrichts* (Bd. 1). Weinheim: Beltz.

Ayan, S. (Hrsg.) (2017). *Rätsel Mensch. Expeditionen im Grenzbereich von Philosophie und Hirnforschung.* Berlin: Springer.

Bach, S., Richardson, U., Brandeis, D., Martin, E. & Brem, S. (2013). Print-specific multimodal brain activation in kindergarten improves prediction of reading skills in second grade. *Neuroimage, 82*, 605-615.

Baddeley, A. D. & Hitch, G. J. (1974). Working memory. In G.H. Bower (Ed.), *The psychology of learning and motivation. Advances in research and theory* (Vol. 8, pp. 47-89). New York: Academic Press.

Baddeley, A. D. (2000). The episodic buffer: A new component of working memory? *Trends in Cognitive Sciences, 4*, 417–423.

Bandura, A. (1977). *Social learning theory.* Englewood Cliffs, New Jersey: Prentice-Hall.

Bauer, J. (2009). Erziehung als Spiegelung. Die pädagogische Beziehung aus dem Blickwinkel der Hirnforschung. In U. Herrmann (Hrsg.), *Neurodidaktik. Grundlagen und Vorschläge für gehirngerechtes Lehren und Lernen* (pp. 109-115). Weinheim: Beltz.

Becker, N. (2014). Mehr verstehen, besser handeln? Zum Verhältnis von Pädagogik und Neurowissenschaften. *Zeitschrift für Pädagogik, 60.* Beiheft, 208-225.

Becker, N. (2007). Neuromodisch lernen. *WOZ - Die Wochenzeitung,* Ausgabe vom 24. Mai 2007, Seite 23. URL: http://www.woz.ch/artikel/2007/nr21/wissen/14986.html

Becker, N. (2006). *Die neurowissenschaftliche Herausforderung der Pädagogik.* Bad Heilbrunn: Klinkhardt.

Berridge, K.C. (1996). Food reward: brain substrates of wanting and liking. *Neuroscience and Biobehavioral Reviews*, 20, 1-25.

Borner, M. (2009). Philosophie der Hirnforschung – Faszinierend oder erschreckend? In G. Toth, K.J. Grün (Hrsg.), *Das Gehirn und seine Freiheit. Beiträge zur neurowissenschaftlichen Grundlegung der Philosophie* (pp. 157-166). Göttingen: Vandenhoeck & Ruprecht.

Bower, G.H. & Hilgard, E.R. (1983). *Theorien des Lernens.* Stuttgart: Klett-Cotta.

Brand, M. & Markowitsch, H.-J. (2004). Frontalhirn und Gedächtnis im Alter. *NeuroGeriatrie*, *1*(1), 9-20.

Brand, M & Markowitsch, H.-J. (2006a). Was weiß die Hirnforschung über Lernen? *Zeitschrift für Erziehungswissenschaft, 9* (Beiheft 5/06), 21-42.

Brand, M. & Markowitsch, H.-J. (2006b). Lernen und Gedächtnis aus neurowissenschaftlicher Perspektive – Konsequenzen für die Gestaltung des Schulunterrichts. In U. Herrmann (Hrsg.), *Neurodidaktik. Grundlagen und Vorschläge für gehirngerechtes Lehren und Lernen* (pp. 60-66). Weinheim: Beltz.

Bruner, J.S. (1961). The act of discovery. *Harvard Educational Review, 31*, 21–32.

Cohen Kadosh, R., Cohen Kadosh, K., Schuhmann, T., Kaas, A., Goebel, R., Henik, A. & Sack, A.T. (2007). Virtual dyscalculia induced by parietal-lobe TMS impairs automatic magnitude processing. *Current Biology, 17*, 1-5.

Dehaene, S., Piazza, M., Pinel, P. & Cohen, L. (2003). Three parietal circuits for number processing. *Cognitive Neuropsychology, 20*, 487–506.

del Monte, D. (2010). *Lernen und Gedächtnis.* URL: http://www.damirdelmonte.de/files/delmonte_lernen_und_gedaechtnis.pdf

Dudai, Y., Karni, A. & Born, J. (2015). The consolidation and transformation of memory. *Neuron 88*, 20-32.

Eden, G.F. & Moats, L. (2002). The role of neuroscience in the remediation of students with dyslexia. *Nature Neuroscience Review, 5*, 1080–1084.

Egle, J. (2017). Guter Unterricht aus (neuro-)wissenschaftlicher Perspektive unter Berücksichtigung kohärenter Unterrichtsmethoden. *Seminar, 1* (pp. 145-162). Baltmannsweiler: Schneider Verlag Hohengehren.

Eliot, L. (2001). *Was geht da drinnen vor? Die Gehirnentwicklung in der ersten fünf Lebensjahren.* Berlin: Berlin Verlag.

Friedrich, G. (1995). *Die Praktikabilität der Neurodidaktik. Ein Analyse- und Bewertungsinstrument für die Fachdidaktik.* Frankfurt am Main: Lang.

Friedrich, G. & Preiß, G. (2005). Lehren mit Köpfchen. *Gehirn & Geist* (2/2005), 32-39.

Gais, S., Albouy, G., Boly, M., Dang-Vu, T., Darsaud, A., Desseilles, M., Rauchs, G. Schabus, M., Sterpenich, V., Vandewalle, G., Maquet, P. & Peigneux, P. (2007). Sleep transforms the cerebral trace of declarative memories. *Proceedings of the National Academy of Sciences, 104*(47), 18778-18783.

Gerrig, R.J. & Zimbardo, P.G. (2004). *Psychologie.* München: Pearson.

Gerrig, R.J. & Zimbardo, P.G. (2008). *Psychologie.* München: Pearson.

Göhlich, M., Wulf, C. & Zirfas, J. (Hrsg.) (2014). *Pädagogische Theorien des Lernens.* Weinheim und Basel: Beltz.

Goschke, T. (2007). Kognitive und affektive Neurowissenschaft des Gedächtnisses. In B. Strauß, F. Hohagen, & F. Caspar (Hrsg.), *Lehrbuch Psychotherapie,* Band 1 (pp. 93-130). Göttingen: Hogrefe.

Goswami, U. (2004). Neuroscience and education. *British Journal of Educational Psychology, 74,* 1-14.

Grein, M. (2013). *Neurodidaktik. Grundlagen für Sprachlehrende.* Ismaning: Hueber.

Grewe, P. (2010). Hirnforschung und Unterricht. Grenzen und Möglichkeiten. *Schulmanagement, 5,* 21-23.

Gyseler, D. (2006). Problemfall Neuropädagogik. *Zeitschrift für Pädagogik, 52*(4), 555–570.

Hanser, H. & Ayan, S. (2011). Frischer Wind ins Klassenzimmer. Streitgespräch zwischen Ulrich Herrmann und Elsbeth Stern. *Gehirn & Geist, Serie Kindesentwicklung, 6,* 46-51.

Hasselhorn, M. & Gold, A. (2006). *Pädagogische Psychologie. Erfolgreiches Lernen und Lehren.* Stuttgart: Kohlhammer.

Hasselhorn, M. & Gold, A. (2009). *Pädagogische Psychologie. Erfolgreiches Lernen und Lehren.* Stuttgart: Kohlhammer.

Hattie, J. (2009). *Visible Learning. A synthesis of over 800 meta-analyses relating to achievement.* London, New York: Routledge.

Hattie, J., Beywl, W. & Zierer, K. (2013). *Lernen sichtbar machen.* Baltmannsweiler: Schneider Verlag Hohengehren.

Heinz, P. (2016). *„Was kann ich tun, wenn mich die Erinnerungen nicht mehr loslassen?" Umgang mit psychischen Belastungen infolge des Zugunglücks vom Faschingsdienstag.* Infoveranstaltung Bad Aibling am 2.3.2016. URL: http://docplayer.org/42923880-Was-kann-ich-tun-wenn-mich-die-erinnerungen-nicht-mehr-loslassen.html

Hennen, L. & Coenen, C. (2012). ITA-Monitoring „Nichtmedizinische Anwendungen der Neurowissenschaften". In M. Decker, T. Fleischer, J. Schippl, & N. Weinberger (Hrsg.), *Zukünftige Themen der Innovations- und Technikanalyse. Methodik und ausgewählte Ergebnisse* KIT Scientific Reports, (Bd. 7605, pp. 171–221). Karlsruhe: KIT Scientific Publishing.

Herrmann, U. (2008). Lernen – vom Gehirn aus betrachtet. Wie schulisches Lernen verbessert werden kann: Neurowissenschaften und Pädagogik auf dem gemeinsamen Weg zur Neurodidaktik. *Gehirn & Geist* (12/08), 44-48.

Herrmann, U. (2009). Neurodidaktik – die Kooperation von Neurowissenschaften und Didaktik. *Journal für LehrerInnenbildung, 9*(4), 8-21.

Hoeft, F., McCandliss, B.D., Black, J.M., Gantman, A., Zakerani, M. & Hulme, C. (2011). Neural systems predicting long-term outcome in dyslexia. *Proceedings of the National Acadamy of Sciences of the United States of America,108*(1), 361-366.

Horstmann, G. & Dreisbach, G. (2012). *Allgemeine Psychologie 2 kompakt.* Weinheim, Basel: Beltz.

Hu, H., Real, E., Takamiya, K., Kang, M.G., Ledoux, J., Huganir, R.L. & Malinow, R. (2007). *Emotion enhances learning via norepinephrine* regulation of AMPA-receptor trafficking. Cell, 131, 160–173.

Hüther, G. (2009). Die Bedeutung sozialer Erfahrungen für die Strukturentwicklung des menschlichen Gehirns. In U. Herrmann (Hrsg.), *Neurodidaktik. Grundlagen und Vorschläge für gehirngerechtes Lehren und Lernen* (pp. 41-48). Weinheim, Basel: Beltz.

Hüther, G. (2016). *Bedienungsanleitung für ein menschliches Gehirn.* Göttingen: Vandenhoeck & Ruprecht.

Jolles, D., Wassermann, D., Chokhani, R., Richardson, J., Tenison, C., Bammer, R., Fuchs, L., Supekar, K. & Menon, V. (2016). Plasticity of left perisylvian white-matter tracts is associated with individual differences in math learning. *Brain Structure and Function, 221*(3), 1337–1351. URL: https://doi.org/10.1007/s00429-014-0975-6

Jozefowiez, J. (2012). Neuropsychology of learning. In N. M. Seel (Ed.), *Encylopedia of the Sciences of Learning* (pp. 2459–2468). New York: Springer.

Kaufmann, L. (2008). Dyscalculia: Neuroscience and education. *Educational Research, 50,* 163–175.

Kerres, M. (1998). *Multimediale und telemediale Lernumgebung: Konzeption und Entwicklung.* München: Oldenbourg.

Keysers, C. (2013). *Unser empathisches Gehirn. Warum wir verstehen, was andere fühlen.* München: C. Bertelsmann.

Kim, J. & Diamond, D. (2002). The stressed hippocampus, synaptic plasticity and lost memories. *Nature Reviews Neuroscience, 3,* 453-462.

Klatte, M. (2007). Gehirnentwicklung und frühkindliches Lernen. In C. Brokmann-Nooren, I. Gereke, H. Kiper & W. Renneberg (Hrsg.), *Bildung und Lernen der Drei- bis Achtjährigen* (pp. 117-139). Bad Heilbrunn: Klinkhardt.

Krämer, T. (2013). *Schaltkreise der Motivation.* URL: https://www.dasgehirn.info/denken/motivation/schaltkreise-der-motivation

Krinzinger, H., Koten, J.W., Horoufchin, H., Kohn, N., Arndt, D., Sahr, K. & Willmes, K. (2011). The role of finger representations and saccades for number processing: An fMRI study in children. *Frontiers in Psychology, 2,* 373.

Kucian, K. (2014). *Was uns das Gehirn über Dyskalkulie verrät.* URL: https://www.bvl-legasthenie.de/images/static/pdfs/bvl_kongress_unterlagen/Was_uns_das_Gehirn_ueber_Dyskalkulie_verraet_Kucian.pdf

Landerl, K. (2012). *Dyskalkulie. Grundlagen – Diagnose – Prävention – Behandlung.* Studienbrief AM02_02: Psychologie kindlicher Lern- und Entwicklungsauffälligkeiten, Technische Universität Kaiserslautern.

Langer, N., Peysakhovich, B., Zuk, J., Drottar, M., Sliva, D.D., Smith, S., Becker, B.L., Grant, P.E. & Gaab, N. (2016). White Matter Alterations in Infants at Risk for Developmental Dyslexia. *Cerebral Cortex.* doi: 10.1093/cercor/bhv281

Madeja, M. (2016). Die Schule erzieht junge Menschen, keine Gehirne. In M. Madeja, J. Müller-Jung (Hrsg.), *Hirnforschung – was kann sie wirklich? Erfolge, Möglichkeiten und Grenzen* (pp. 169-178). München: C.H. Beck.

Markowitsch, H.-J. & Daum, I. (2001). Neuropsychologische Erklärungsansätze für kognitive Phänomene. In M. Pauen & G. Roth (Hrsg.), *Neurowissenschaften und Philosophie* (pp. 210-237). München: W. Fink.

Markowitsch, H.-J. (2002). *Dem Gedächtnis auf der Spur.* Darmstadt: WBV.

Markowitsch, H.-J. (2003). Das mnestische Blockadesyndrom. Hinrphysiologische Korrelate von Angst und Stress. In G. Schiepek (Hrsg.), *Neurobiologie der Psychotherapie* (pp. 186-212). Stuttgart: Schattauer.

Markowitsch, H.-J. & Welzer, H. (2005). *Das autobiographische Gedächtnis. Hirnorganische Grundlagen und biosoziale Entwicklung.* Stuttgart: Klett-Cotta.

Matejko, A. & Ansari, D. (2012). Developmental cognitive neuroscience and learning. In N. M. Seel (Hrsg.), *Encylopedia of the Sciences of Learning* (Bd. 2, pp. 961–966). New York: Springer.

Max-Planck-Institut für Kognitions- und Neurowissenschaften Leipzig: Pressemeldung vom 19. Juli 2017: *Lese-Rechtschreibstörung rechtzeitig erkennen: Grundlagen für zukünftigen Frühtest gelegt.* URL: http://www.cbs.mpg.de/Lese-Rechtschreibstoerung-rechtzeitig-erkennen-Grundlagen-fuer-zukuenftigen-Fruehtest-gelegt

Meir, S. (2006). *elearning-plus. Didaktischer Hintergrund Lerntheorien.* URL: http://lehrerfortbildung-bw.de/moodle-info/schule/einfuehrung/material/2_meir_9-19.pdf

Moeller, K. & Nuerk, H.-C. (2012). Zählen und Rechnen mit den Fingern: Hilfe, Sackgasse oder bloßer Übergang auf dem Weg zu komplexen arithmetischen Kompetenzen? *Lernen und Lernstörungen, 1,* 63–71.

Nairne, J.S. (2002). Remembering over the short-term: The case against the standard model. *Annual Review of Psychology, 53* (1), 53-81.

Neber, H. (Hrsg.) (1973). *Entdeckendes Lernen.* Weinheim: Beltz.

Ozernov-Palchik, O., Yu, X., Wang, Y. & Gaab, N. (2016). Lessons to be learned: how a comprehensive neurobiological framework of atypical reading development can inform educational practice. *Neuroscience of education, 10,* 45-58.

Pauen, S. (2004). Zeitfenster der Gehirn- und Verhaltensentwicklung: Modethema oder Klassiker? *Zeitschrift für Pädagogik, 50* (4/04), 521-530.

Pekrun, R., Goetz, T., Titz, W. & Perry, R. P. (2002). Academic emotions in students' self-regulated learning and achievement: A program of qualitative and quantitative research. *Educational Psychologist, 37,* 91-106.

Piefke, M. & Fink, G.R. (2013). Gedächtnis. In F. Schneider & G.R. Fink (Hrsg.), *Funktionelle MRT in Psychiatrie und Neurologie* (pp. 394-406). Berlin, Heidelberg: Springer.

Piefke, M., Markowitsch, H.-J. (2009). Gedächtnisbildung und -umbildung. In H. Schloffer, E. Prang & A. Frick-Salzmann (Hrsg.), *Handbuch Gedächtnistraining* (pp. 27-33). Berlin: Springer.

Pavlov, I. P. (1927). Conditioned reflexes: an investigation of the physiological activity of the cerebral cortex. Oxford, England: Oxford University Press.

Precht, R. D. (2013). *Anna, die Schule und der liebe Gott. Der Verrat des Bildungssystems an unseren Kindern.* München: Goldmann.

Prehn-Kristensen, A., Munz, M., Göder, R., Wilhelm, I., Korr, K., Vahl, W., Wiesner, C. & Baving, L. (2014). Transcranial oscillatory direct current stimulation during sleep improves declarative memory consolidation in children with attention-deficit/hyperactivity disorder to a level comparable to healthy controls. *Brain Stimulation,7*(6), 793-799.

Preiß, G. (Hrsg.) (1996). *Neurodidaktik. Theoretische und praktische Beiträge.* Pfaffenweiler: Centaurus.

Pritzel, M., Brand, M. & Markowitsch, H.-J. (2009). *Gehirn und Verhalten. Ein Grundkurs der physiologischen Psychologie.* Spektrum: Heidelberg.

Prölß, A.C. (2014). *Wirkungen akustischer Umweltbedingungen auf Arbeitsgedächtnisleistungen bei Kindern und Erwachsenen: Experimentelle Untersuchungen zum „Irrelevant Sound Effect"* (Dissertation). Technische Universität Kaiserslautern, Kaiserslautern.

Quast, U. (2011). *Lernermerkmale, Lernertypen, Lernverhalten. Aspekte der differenziellen Lernpsychologie für Lehrende und Lernende.* Band 2. Frankfurt am Main: Verlag Peter Lang.

Ramus, F., Rosen, S., Dakin, S. C., Day, B. L., Castellote, J. M. & White, S. (2003). Theories of developmental dyslexia: Insights from a multiple case study of dyslexic adults. *Brain, 126,* 841–865.

Raschle, N., Zuk, J. & Gaab, N. (2012). Functional Characteristics of Developmental Dyslexia in Left-hemispheric Posterior Brain Regions Predate Reading Onset, *Proceeding of the National Academy of Sciences (PNAS), 109*(6), 2156-2161.

Reich, K. (2002). Systemisch-konstruktivistische Didaktik. Eine allgemeine Zielbestimmung. In R. Voß (Hrsg.), *Die Schule neu erfinden. Systemisch-konstruktivistische Annäherungen an Schule und Pädagogik* (pp. 70-91). Berlin: Luchterhand.

Reinberger, S. (2016). Schlaf/Tagträume. Lernen im Schlaf. In: Hertie Stiftung (Hrsg.), *G_AP (Gehirn-Anwendung-Praxis). Fokus Schule,* 33-43.

Reinmann, Gabi (2013). Didaktisches Handeln. Die Beziehung zwischen Lerntheorien und Didaktischem Design. In M. Ebner und S. Schön (Hrsg.), *L3T. Lehrbuch für Lernen und Lehren mit Technologien* (pp.127-138). URL: http://l3t.tugraz.at/HTML/didaktisches-handeln/1376984991didaktisches-handeln-zwischen-lehren-und-lernen/

Roediger, H.L., Gallo, D.A. & Geraci, L. (2002). Processing approaches to cognition: The impetus from the levels-of-processing framework. *Memory, 10*(5/6), 319-332.

Roth, G. (2004). Warum sind Lehren und Lernen so schwierig? *Zeitschrift für Pädagogik, 50*(4), 496-506.

Roth, G. & Dicke, U. (2006). Funktionelle Neuroanatomie des limbischen Systems. In H. Förstl, M. Hautzinger & G. Roth (Hrsg.), *Neurobiologie psychischer Störungen* (pp. 1-74). Heidelberg: Springer.

Roth, G. (2013). Welchen Nutzen haben die Erkenntnisse der Hirnforschung für die Pädagogik? *Zeitschrift für Pädagogische Psychologie, 27*(3), 123–133.

Roth, G., Strüber, N. (2014). *Wie das Gehirn die Seele macht.* Stuttgart: Klett-Cotta.

Roth, G. (2015). *Bildung braucht Persönlichkeit. Wie Lernen gelingt.* Stuttgart: Klett-Cotta.

Rotzer, S., Kucian, K., Martin, E., von Aster, M., Klaver, P. & Loenneker, T. (2008). Optimized voxel-based morphometry in children with developmental dyscalculia, *NeuroImage, 39*(1), 417-422.

Rykhlevskaia, E., Uddin, L.Q., Kondos, L. & Menon, V. (2009). Neuroanatomical correlates of developmental dyscalculia: combined evidence from morphometry and tractography. *Frontiers in Human Neuroscience, 3*, 51, 1-15.

Schaner-Wolles, C. (2005). Wie kommt ein Kind zu seiner Sprache? In: *Sprachliche Förderung von Kindern im Jahr vor dem Schuleintritt*, Hrsg.: Bundesministerium für Bildung, Wissenschaft und Kultur Wien, 19-30.

Scheich, H. (2003). Lernen unter der Dopamindusche. Was uns Versuche an Mäusen über die Mechanismen des menschlichen Gehirns verraten. In: Die Zeit Nr. 39 vom 18.9.2003, URL: http://www.zeit.de/2003/39/Neurodidaktik_2

Scheunpflug, A. (2001). *Biologische Grundlagen des Lernens.* Berlin: Sciptor.

Schnitzler, C.D. (2008). *Phonologische Bewusstheit und Schriftspracherwerb.* Stuttgart: Thieme.

Schulte-Körne, G. (2015). *Legasthenie. Ratgeber zum Thema Legasthenie – Erkennen und Verstehen.* Hrsg.: Bundesverband Legasthenie und Dyskalkulie (BVL) e. V., Bonn.

Seng, L. (2012). *Erinnern mit Gefühl.* URL: https://www.dasgehirn.info/denken/gedaechtnis/erinnern-mit-gefuehl?gclid=CLLemNeM1tQCFQ0R0wodjtICrQ

Singer, W. (2003). *Ein neues Menschenbild? Gespräche über Hirnforschung.* Frankfurt am Main.: Suhrkamp.

Skinner, B.F. (1954). The science of learning and the art of teaching. *American Psychologist, 11,* 221-233.

Skinner, B.F. (1971): *Erziehung als Verhaltensformung. Grundlagen einer Technologie des Lehrens.* München: E. Keimer.

Skowronek, H (1969). *Lernen und Lernfähigkeit.* München: Juventa.

Smith, S. M. (2007). Context and human memory. In H.L. Roedinger, III, Y. Dudai, & S.M. Fitzpatrick (Eds.), *Science of Memory: Concepts* (pp. 111-114). Oxford. University Press.

Spitzer, M. (2003). Der Mandelkern und die metakognitive Kernkompetenz. Gehirnforschung für die Schule. *Nervenheilkunde, 22,* 216-219.

Spitzer, M. (2004). *Von Geistesblitzen und Hirngespinsten: Neue Miniaturen aus der Nervenheilkunde.* Stuttgart: Schattauer.

Spitzer, M. (2007). *Lernen. Gehirnforschung und die Schule des Lebens.* Heidelberg: Spektrum.

Spitzer, M. (2010). *Medizin* für *Bildung.* Heidelberg: Spektrum.

Steiner, G. (2001). Lernen und Wissenserwerb. In A. Krapp & B. Weidenmann (Hrsg.), *Pädagogische Psychologie* (pp. 137-205). Weinheim: Beltz.

Steinbrink, C., Lachmann, T. (2014). Lese-Rechtschreib-Störung: Grundlagen, Diagnostik, Intervention. Heidelberg: Springer.

Stern, E. (2004). Wie viel Hirn braucht die Schule? Chancen und Grenzen einer neuropsychologischen Lehr-Lern-Forschung. Zeitschrift für Pädagogik 50(4), 531—538.

Stern, E. (2015). Von der Synapse in die Schule? In D.H. Rost (Hrsg.), *Intelligenz und Begabung, Unterricht und Klassenführung* (pp. 117-170). Münster und New York: Waxmann.

Stubenrauch, C., Krinzinger, H. & Konrad, K. (2014). Vom Hirnbild zum guten Unterricht. *Zeitschrift für Kinder- und Jugendpsychiatrie und Psychotherapie, 42*(4), 253-69.

Squire, L.R. (1987). *Memory and brain.* New York: Oxford University Press.

Supekar, K., Swigart, A.G., Tenison, C., et al. (2013). Neural predictors of individual differences in response to math tutoring in primary-grade school children. *Proceedings of the National Academy of Sciences of the United States of America. 110*(20), 8230-8235.

Textor, M. (2006). *Bildung im Kindergarten. Zur Förderung der kognitiven Entwicklung.* Münster: Verlagshaus Monsenstein.

Tulodziecki, G., Herzig, B. & Blömeke, S. (2009). *Gestaltung von Unterricht. Eine Einführung in die Didaktik.* Bad Heilbrunn: Klinkhardt.

Tulving, E. (1995). Organization of memory: Quo vadis? In M.S. Gazzaniga (Hrsg.), *The cognitive neurosciences* (pp.839-847). Cambridge: MIT Press.

Vandermosten, M, Hoeft, F, Norton, E.S. (2016). Integrating MRI brain imaging studies of pre-reading children with current theories of developmental dyslexia: A review and quantitative meta-analysis. *Current Opinion Behavioral in Sciences, 10*, 155-161.

Vester, F. (2001). *Denken, Lernen, Vergessen.* München: dtv.

Vogt, K., Hechenleitner, A. (2007). *Theorien des Lernens – Folgerungen für das Lehren.* Herausgegeben vom Staatsinstitut für Schulqualität und Bildungsforschung, München.

Wang, Y., Mauer, M.V., Raney, T., Peysakhovich, B., Becker, B.L., Sliva, D.D. & Gaab, N. (2016). Development of Tract-Specific White Matter Pathways During Early Reading Development in At-Risk Children and Typical Controls. *Cerebral Cortex. doi:* 27114172: 10.1093/cercor/bhw095

Westerhoff, N. (2008). Neurodidaktik auf dem Prüfstand. Gehirn & Geist, 12, 36–43.

Westermann, J., Lange, T., Textor, J. & Born, J. (2015). System consolidation during sleep - a common principle underlying psychological and immunological memory formation. *Trends Neurosciences, 38*(10), 585-597.

Ziemke, A. (2008). Kann die Pädagogik von der Hirnforschung etwas lernen? *Erziehungskunst, 1/2008,* URL: http://www.spektrum.de/thema/das-manifest/852357